JN079020

20代を無難《ぶなん》に生きるな

Shigehisa Nagamatsu
永松茂久

きずな出版

人生のスタイルを決める
「はじまり」の10年をどう生きるか？

■20代をもっと有意義なものにしたい
■30代以降に後悔する生き方をしたくない
■20代のうちに、ブレない自分の芯をつくりたい
■20代のうちに、つい引っ込んでしまいがちな自分を変えたい
■20代のうちに、もっと行動力をつけたい
■伸びる20代になるために必要なことを知りたい
■20代、残された時間を使って、足りない部分を補いたい
■20代の部下や子どもを持ち、その世代の悩みを知りたい
■振り返って20代の答え合わせをしたい
■ここからもっと多くのことにチャレンジしたい

こんな願いを持っている
人たちに向けて、
本書を贈る。

はじめに――

人生の基礎をつくる20代を、無難に生きるな

この本で私が書こうと思っているのは、ひと言で言えば、成功する20代の条件だ。

社会で頭角を現す人は、20代のときに何を考え、何を感じ、どう行動していくのか、そこを深めてあなたに伝えていきたい。

年齢に関係なく、うまくいく人というのは、自分のなかでしっかりとした「芯」を持っている。あなたにも、自分が納得する生き方をするために、しっかりとした自分自身の行動の原則を持ってほしいのだ。

自分の芯。それはつまり、生きるうえで揺るぎない独自の価値観。

いろいろなことが起きるこの10年でもっとも大事なのは、まわりに流されず、自分の芯を曲げないことだ。

この原則さえ守れば、あなたの20代は間違いなく輝いたものになる。

その芯とは何なのかをあらためて考え、そして明確にしてほしい。

そう思って、この本を書くことにした。


くわしい経歴は本文で書いていくのでここでは割愛するが、私自身「サラリーマン」「起業家」「経営者」の3つの立場で、20代の10年を過ごした。

そのうえで、いま振り返って思うことがある。

それは、

「20代のうちは、そんなにむずかしいテクニックはいらない。それよりも太く、しなやかで、折れない自分の在り方をつくることのほうが、よっぽど後々の役に立つ」

ということだ。


20代は多くのシーンにおいて、世間からは新人扱い、もしくは半人前扱いを受ける。

仕事の面ではとくに、理不尽な常識に打ちのめされることもたくさんある。

それまでの自分の価値観や、物差しが通用しにくくなる。

思い通りにいかないことや、できないことも増えてくる。

自分の存在価値が否定され、もろくも自尊心が崩れ去ることだってある。

納得できないまま、社会のルールに従わなければいけないことだって出てくる。

自分自身の物差しというものを持てば持つほど、それをポキポキ折られていく。

それが現実だ。

だからといって、私が伝えたいのは「そんななかで、まわりに合わせながら巧妙に生きていこう」という話ではない。

むしろその逆で、そうした矛盾に満ちあふれた世の中で、不器用でもいいから、あなたらしくたくましく生き続けてほしい、ということだ。

そのために大切なこと。それは自分自身のなかに太い刀を持つこと。言い換えれば、自分のなかでゆずれない「芯」を持つことなのだ。


スポーツでもなんでもそうだが、最初に大切なもの、それは足腰の強さ、そして基礎体力だ。


人生の基本姿勢は、20代でつくられる。

そして、人生で大切なことの原型はほとんど20代で体験する。

あなたがここから生きていくうえで必ずぶつかる大きな壁の原型は、ほぼ20代のうちに現れてくると言って間違いはないだろう。20代の壁は、その後訪れるもっと大きな壁に向かうときの基本的な姿勢を学ばせてくれる。

たとえば、お金を例に説明しよう。

基本的には、年齢が上がれば上がるほど、収入は増えていく。

しかし同時に、ローンや出費も増えていくだろう。

ここで問題なのは、収入や支出の金額ではない。収入より支出を抑えながら生活を成り立たせていく「バランス感覚」を身につけておくことなのだ。

ということは、お金に対する基本的な姿勢は、20代も40代も同じと考えることができる。

そして、このことはすべてに当てはまる。

仕事も、恋愛も結婚も、趣味や価値観や友情も、人間関係という人生を構成する要素に対して、一つひとつどう向き合うのかという基本的な姿勢は、この20代で形成される。

その20代という大切な期間を、無難に生きてほしくないのだ。

まわりに流されて、逃げてほしくないのだ。

「あのときもっと行動を起こしておけば」と後悔してほしくないのだ。


壁にぶつかったとき、未来に対して不安を感じたとき、どう行動するかで、その後の長い人生の結果が変わる。

だからこそ、社会人としての準備期間とも言えるこの20代は、人生の基礎づくりにかけるべきだと私は思う。その心の在り方を伝えていきたい。


ここからあなたとの会話をはじめる前に、大前提として伝えておきたいことがある。

それは「最近の20代は弱くなった」という声を耳にすることがよくあるが、私はまったくそう思っていない、ということだ。

時代が元気なら元気な生き方ができるし、時代が不況なら不況に耐えられるだけの生き方をしているだけだ。

仮に、バブルを経験したいまの50代が、タイムスリップしていまの世の中で20代を過ごしたとしても、いまの20代と同じように「元気がない」と言われる生き方をするだろう。

逆に、いまの20代がバブル時代を生きていたとしたら、いまの50代が20代のときと同じように、バブルの泡にまみれて踊り狂っていたはずだ。

江戸時代だろうが、明治時代だろうが、令和だろうが、基本的に20代のエネルギーは変わらない。抱く悩みの質も変わらない。変わっているのは時代背景だけだ。

与えられた条件のなかでどう考え、どう動くかという意味では、世代も時代も関係ない。まったく同じことなのだ。

だから、この本で私は、

「時代によってコロコロ変わっていくこと」

ではなく、

「**人として普遍的で本質的なこと**」

にフォーカスを当てて、伝えていくことにする。

時代背景をとくに考えずに、好き勝手なことを書かせてもらうとしよう。

そういう意味では、この本はあなたより少し先に20代を過ごした私自身が述べる自由論だと考えていただけると、ありがたい。そのうえで、私の経験を通して身につけた知恵が、ひとつでもあなたの参考になればいいと思っている。

この本のシチュエーションは、だいぶ年の離れた近所のお兄ちゃん、もしくは世代の離れた先輩と久々に再会し、居酒屋で酒を飲みながら、20代にとって大切だと思うことを語り合う――そんなイメージで読んでもらえるとちょうどいいと思う。

年上だからと言って、大上段に構えて立派なことを述べるつもりはない。

その代わり、言い回しを遠慮して優しく包んで伝えるつもりもない。

居酒屋でテーブルを挟んで向き合い、同じ目線で未来を共に考えていく、そのスタンスであなたと向き合っていこうと思う。

では、はじめよう。

もくじ

20代を無難に生きるな

第1章 20代はもっと尖がれ

第2章

20代のうちに〝いい人〟は卒業しなさい

第4章

20代で身につけておきたい「人から可愛がられる力」

もくじ

第1章

20代はもっと尖《とん》がれ

20代は、多くの同世代がやらないことをやれ

▼いまFacebookをやる20代は必ず伸びる

20代の若者がよく口にする言葉がある。

それは、

「Facebookなんてやらないですよ。あれは30代後半とか40代以上の人がやるものでしょ。僕たちの世代はもっぱらインスタです」

というもの。

たしかにそうかもしれない。多くの20代から30代前半の人たちにとって、Facebookよりも Instagramのほうがいまは人気なのだろう。

しかし、私はこういう言葉を耳にするたびに「あ、流されてるな」と感じてしまう。

これはInstagramをすることがダメと言っているわけではない。

なぜ同世代ばかりを意識するのか、なぜ自分たちの世代だけにこだわるのだろうか、と思うのだ。

ひと言で言えば、20代はどれだけ自分より年長者のなかに飛び込んでいけるかで、その後が決まる。チャンスは、すでに社会を長く経験した年長者が持っているからだ。

もしFacebookが世代の離れた30代後半から40代の人たちのツールであるのなら、Facebookをやればいい。

「まわりがやっていないから自分もやらない」ではなく「まわりがやっていないならチャンスだ」と考えれば、自然とその発想に行き着くはずだ。

そこには年長者、つまり自分にチャンスをくれる可能性を秘めた人たちがわんさかいて、彼らが普段考えていることやレベルの高い人間関係などがさまざま並んでいる。

そのなかで魅力的な発信ができれば、あなたが目に留まる可能性も圧倒的に高くなる。そういう視点を持ってほしいのだ。

▼いつの時代でも、大物になる20代は最初から輝きが違う

社会はいろいろな世代の層で成り立っている。

そのなかで20代と言えば、社会に出て、ここからたくさんのチャレンジや出会い、そして経験を思い切りできる自由な世代だ。

にもかかわらず、社会人になって同世代しか見ていないというのは、もったいない。

仕事を通して多くの若者と触れ合ってきたなかで感じることだが、必ず伸びる20代というのは、すでに若いうちから自分の意思を持って生きている。

20代のうちから、

「お、この子はほかの多くの人とは何か違うな」

「この子は大物になる」

と、年長の人間に感じさせる輝きを放っている。

多くの人がやっていることに歩調を合わせるな。荒削りでもいい。もっと尖がれ。


「あいつのやることは、いつも訳がわからない」

多くの同世代からそう言われるくらいで、ちょうどいい。

それが未来の大器の資格だ。

そもそも大物のやろうとしていることを、形になる前に、普通の人たちが理解できるはずなどないのだから。


いつの時代でもそうだが、世の中をひっくり返すようなできごとは、少数派の人間が起こし続けてきたことは事実だ。

せっかくの20代、まわりに流されてあなたの才能を埋もれさせてしまうのはもったいない。

まわりと歩調を合わせるために、自分を抑えて無難に生きるなどという考え方は、もっと年齢を重ねた後でいい。

「**大勢の人が右に行くなら、自分はそれ以外の方法で自由な道を探す**」

くらいの気持ちで冒険してみるのも、ひとつの手ではないだろうか。

20代が陥りやすい「思考停止」という罠

▼思考する力を奪われてはいないか?

情報があふれている。

昔は辞書で調べなければならなかったことも、いまは検索サイトに入力すれば数秒で情報が手に入る。

しかし、この便利さゆえに逆に失った大切なものがある。

それは「思考力」だ。

便利すぎるがゆえに、以前より多くの人が、自分の頭で考えなくなってしまっているのだ。

この状態を「思考停止」という。

オーバーな言い方になるかもしれないが、この状態になると、人は簡単に洗脳されてしまう。

自分で考えることをやめると、人は何かの存在に頼りたくなる。

たとえば、それが人によってはあやしい宗教の教祖だったり、マスコミだったり、SNSで流れるデマだったりとさまざまだ。

こうなってしまうと、その頼りにしている存在の言うことがすべてになり、冷静な思考回路を失ってしまう。

トイレットペーパーがなくなるというデマが流れた瞬間、ドラッグストアのペーパーコーナーが空っぽになってしまう。

普段なら考えられないような、詐欺的な投資話に大金をつぎ込んでしまう。

「信じているあの人が、こう言ったから」と、まわりの心配を無視して、あやしい世界に傾倒する。

「自分はそんなことはない」と思うかもしれないが、私たち人間というものは、つねに自分の頭で考える習慣を磨いておかないと、流れてくる情報や言葉に大きく左右されてしまう。

これはとても危ない状態なのだ。

しかし、いま実際、多くの人がこの思考停止状態に陥ってしまっている。

▼もっともらしく飛び交う言葉に流されない

「〇〇が出てきたから△△はなくなる」という言葉をよく見かける。

新しいものが出ると、お決まりのように「〜の時代は終わった」と人は言う。

これがあたかも最先端の情報で、もっともらしく聞こえてしまうからタチが悪い。

ラジオが出てきたとき、「新聞はなくなる」と言われた。

テレビが出てきたとき、「ラジオはなくなる」と言われた。

電子書籍が出てきたとき、「紙の出版はなくなる」と言われた。

そして、インターネットやSNSが出てきたいま、「テレビやラジオはなくなる」と言われている。


しかし、実際はどうだ？　どれもなくなってはいない。

「これからはインスタの時代」

「YouTubeをやらなければ生き残っていけない」

「Facebookはもう終わった」

このような発言をした人に、「なくなるって言ったけど、まだあるじゃん」と突っ込んだとしても、「それはあくまで予測だから」と逃げられるのがオチだろう。

それくらい、一般的な情報発信というものはいい加減なのだ。

コロコロ変わる責任のない情報に、無駄に流されるのはもうやめよう。

いつの時代も世の中は情報を流す人と、それに振り回される人で成り立っている。

そして、これらの言葉は、情報発信者である仕掛ける人間の都合で決まるのだ。

そこをしっかりと見極めたうえで、情報をチョイスすればいい。


「SNSをやりたいからやる」

「YouTubeで発信したいことがあるからする」

これくらい気軽でシンプルなほうがいい。

無理に時代の流れについていこうと、ムキにならないほうがいい。

何でもかんでも情報に依存しすぎると、かえって振り回されてしまうことになる。

情報の方向性によって、右へ左へとブレブレの生き方になってしまうのだ。


いったん冷静になって、客観的に流れを把握するくらいのゆとりは、20代のうちから身につけておきたいものだ。

20代のうちから流されて生きるな

▼「大衆はつねに間違う」この言葉を20代のうちにインプットせよ

20代は、学生と社会人、そして子どもと大人の中間人種と言える。

もちろん、その世代ゆえの優秀さは持っていると思う。

しかし、いつの時代でも共通して「経験値」という意味では、20代は社会に揉まれてきた30代、40代にはかなわない。

ということは、その20代の多くの人たちが選ぶものには、社会的に見ると、まだ甘さが残ることが否めないのはわかるだろう。
簡単に言えば、未熟さゆえの間違いが多いのだ。

「大衆はつねに間違う」

1950年代にアメリカで大活躍した、ラジオスピーカー兼作家であるアール・ナイチンゲールはこう語った。

この言葉がラジオという大衆向けの仕事をしていた人の言葉であることが、とても興味深く、また深みを感じる。

つねに間違うかどうかは定かではないが、私は、この言葉はある意味で真理をついていると思う。

そもそも「常識」とはあくまで、大衆が自分たちの意見を肯定するために生み出した便利な言葉だと覚えておこう。

このことに早くから気づいている人は、まわりに流されて自分のスタイルを決めることはしない。

「まわりの人がやっているから」
「僕たちの世代は、みんなそう言っているから」

という理由で自分の道を選択しない。

むしろ大きな流れに流されている人々の盲点を見つけ、進んでいく。

そして誰もいない自由な場所を見つけ出し、早いうちに自分のオリジナルスタイルを確立する。

▼何に対しても、自分なりの意見を持つ癖を身につけよ

その盲点を見つける力を身につける訓練がある。

それは大衆がこぞって「そうだそうだ」と言っていることに対して、「本当にそうなのか？」という疑問を持ちながら観察する習慣を持つということだ。


ワイドショーなどは大衆向けの典型的な例だろう。

コメンテーターが誰かを批判したり、暗いことを言ったりしているとする。

すると世の中の多くは、

「そうなんだ、あいつは悪いやつだ」

「そうか、先行きは暗いのか」

と思い込む。

ネットで炎上した記事を見つけては、誰かを追い込むコメントが並ぶ。

そのなかにわざわざ飛び込んで反論をしよう、と言っているのではない。

そんなことをすると、無責任な立場でピーチクパーチクやっているタイプの人間と同じ穴のムジナになってしまうから、あなたはそんなことはしなくていい。

あくまで「自分はこう思う」と、頭のなかで自分の意見を持つ習慣を身につければいいのだ。


もちろん、自分の頭で考えた結果として、もしあなたの意見が多くの人と同じならば、それはそれでいい。

それはまわりに流されたのではなく、自分の結論として選んだ道が、たまたま多くの人と同じだったというだけのことだ。

そのときは胸を張って、その道を歩けばいい。

このように、自分が当たり前に思ってきたことをもう一度見直してみる。

ここからあなた自身のイノベーションがはじまる。

「常識」を疑い、違うと感じれば思い切って捨ててみることは、発想転換の大事なきっかけになる。

そしてこの習慣を身につけると、思いのほか多くの人が、世間や親から刷り込まれてきた「常識」に縛られていることに気がつくはずだ。

寝っ転がっているときでもいい。

ぼーっとしているときでもいい。

20代の頭がやわらかいうちに、自分のなかにある常識を疑う習慣を身につけた人が、成長という人生の幸福を手に入れることになる。

20代のうちに、自分なりの成功のセオリーをつくってみる

▼すべての成功法則が自分に当てはまるとは限らない

最近、自分がいかに思考停止しているのか、ということについてしみじみ感じさせられることがあった。

そのきっかけは、とある本に書いてあった言葉だった。

うまくいく人の秘訣を尋ねた若者に、人生のメンターが返答する物語のワンシーン

だった。
そのメンターは若者にひと言、こう言った。
「いま君に伝えた〝人生がうまくいく秘訣〟は、あくまで私が思うこと。
それが必ずしも、君にとっても当てはまるとは限らない。
自分で3つ考えなさい。
そして、それが見つかったら私に聞かせてくれ」
なるほどと思った。
一本取られた感じがした。

▼ときには成功の方法を自分で生み出してみる

ということで、私なりに人生がうまくいく秘訣を3つ考えてみた。
そして考えてみた結果、私はこの3つに行き着いた。

（1）学んだことをすぐに行動に移し、検証する

教えてもらってばかりいては、やがて主体性がなくなってしまう。

自分の頭で考えて行動を起こしていけば、少々失敗したとしても、誰でもやがて上手になる。

たとえば、自分が信頼している成功者が「こうしたらうまくいく」という情報をくれたら、とにかく間髪を容れずにやってみる。

そして、自分に向いているかどうかをさっさと確かめるのだ。

人によって環境やキャラクターや立場が違うから、いくらその道で成功した人がいるからといって、自分も同じように成功するとは限らない。

しかし、まずやってみなければ検証の結果が出ないから、さっさとやる。

うまくいく人は、その検証数とスピードが半端ではない。

伸びる人は、行動のなかから自分に合った方法を導き出し、そして、そのスタイルを完成させる。

（2）あきらめが悪い

成功するには執念にも似た情熱、つまり、あきらめの悪さが鍵になる。

うまくいく人は、一度や二度の失敗くらいで折れたりしない。そう表現するとかっこいいけど、じつは懲《こ》りていないだけ。

「あいつ、まだやってんのか？」と笑われるくらい、あの手この手を繰り返す。

まわりの人をそうやって苦笑いさせるくらい、困らせるくらいの人じゃないと、うまくはいかない。

いくら「おまえには無理だよ」と言われても、絶対にあきらめずに何回でもチャレンジする。うまくいくのはそんな困った人間だ。

もっとしつこくやればいいんだ。

11回目でうまくいくかもしれないのに、10回であきらめてしまうほどもったいないことはない。

（3）変にカッコつけない

「要領よくうまくやろう」なんていう甘えを捨てること。

カッコ悪かろうがなんだろうが、言い訳なんか捨てて、うまくいくまでやればいい。

いいじゃないか、バカにされたって。いいじゃないか、カッコ悪くたって。

笑われるということは、カッコつけていない証拠。

いつの時代も、何かを手に入れるのはそういうタイプだ。


これはあくまで私が考えた3つの条件。

人の考えをありがたがってばかりではなく、たまには自分で考えてみる。これはとても大切なことだ。

あなたにとっての「人生がうまくいく3つの秘訣」は何だろう。

自分で考えてみるのも楽しいはずだ。

なぜ、やんちゃな人ほど成功しやすいと言われるのか？

▼多くの人がかかっている「ピンポン病」

あなたは、自分の意見をはっきり言えるほうだろうか？

それとも相手に合わせたり、まわりの目を気にしたりして、自分の気持ちを飲み込んでしまうほうだろうか？

おそらく、いまの日本では圧倒的に後者のほうが多いだろう。

まわりの人のことを考えるのはすばらしい。

しかし、これも程度の問題だ。あまりにも他人の目を気にしたり、人の気持ちを優先しすぎたりすると、本当の自分の気持ちが見えなくなってしまう。次第に、自分の本音と向き合うことすら忘れてしまうようになる。

そして、人生を振り返って後悔する。

これでは何のために生まれてきたのかわからない。

私たちは幼いころから、世間の空気や教育がつくり出した「正解を出さなければいけない」という考えが無意識に癖づいてしまっている。「ピンポン、正解！」をもらわなければ恥ずかしいと思い込んでいるのだ。

これを「ピンポン病」という。

「本当はどうしたいの？」

「やりたいことは何？」

と、まわりの人から聞かれても、即座に答えることができないのは、自分の気持ち

よりも、

「こういうときには、こう答えなきゃいけない」

と考えてしまうから。

それがこの病気の特徴だ。

あなたは、この症状に心当たりはないだろうか？

▼社会のしくみは、じつは「わがままな人向け」にできている

「やんちゃ坊主ほど成功する」

この言葉を一度や二度は耳にしたことがあるだろう。

そのときに「俺のことか、やったぜ」と思う人もいれば、自分を否定されたような複雑な感情になってしまう人もいる。

まじめにがんばってきた人からすると、「たいして努力もしていないのに、あんなやつが、なぜ？」と不公平に思うかもしれない。

しかし、これには理由がある。

やんちゃ坊主たちは、「相手が欲しい答えを返そう」とか「成功しなきゃいけない」という、ピンポン病にかかっていないのだ。

そういうタイプはどちらかというと怒られることに慣れているので、自ら行動することに躊躇《ちゅうちょ》しない。

その経験と考え方が、「無」から「有」を生むことを求められる社会のシステムに適しているのだ。

▼20代、たまには自分の都合で生きてみる

謙虚、律儀、これは本当に大切なこと。

しかし、なにごとも過ぎたるは及ばざるが如しだ。

「こんなことを言ったら笑われるかな？」

「こんなことをしたらバカにされるかな？」

笑われても、バカにされても、いいじゃないか。

批判するほうが真実ばかりを言っているわけじゃない。

その人があなたの能力を見抜けていないだけなのかもしれない。

どうせ死にはしないし、本当にあなたのことをわかってくれる人たちは、そんなあなたを決して笑ったりしない。それ以外の外野は無視しておけばいい。

右にならえだけを求められる世界から、そろそろ自由になってみないか？

いいと思ったことは言ってみればいいし、やってみればいいんだ。その結果がどうであったって、チャレンジしたことは必ずあなたの糧になる。

我慢して後悔するのが、いちばんもったいない。

相手の日や相手の都合ばかりじゃなくて、たまには自分の目線で、自分の都合で生きるんだ。

もっとわがままに生きてみよう。

20代は、ちょっと生意気くらいでちょうどいい

▼うまくいく人の共通点

先日、多くのタレントをメジャーデビューさせている芸能界の天才プロデューサーが、テレビで興味深いことを言っていた。

その人の視点から見て、うまくいく人の共通点は、

「**根拠のない自信を持っていること**」

だそうだ。

伸びるタイプの人は、

「なぜかわからないけど、私ならできる気がする」

「私はツイてるから大丈夫」

と心の底から思っているという。


一方、伸び悩んでいる人は、根拠のない不安を持っている。

いずれにしても、「根拠がない」ということが厄介だ。

なぜなら、根拠があるということは、その根拠が崩れれば自信も不安もなくなるということだが、根拠のない自信や不安は、崩すべき根拠自体がないから壊しようがない。


「事実は違うのに、できると思い込んでいるなんて、ただの勘違い野郎じゃないか」

あなたはそう思うかもしれない。

たしかに片面から見ればその通りかもしれないが、現実的に見ると、根拠のない自信を持っている人のほうがうまくいく確率が高いということも事実だ。

そもそも、控えめで謙遜することが美徳とされる環境で育った日本人は、実際の実力よりも自分がダメだと思う傾向が強く、世界的に見ても自己肯定感の低さが突出している。

そういう民族だからこそ、かえって少々勘違いしているくらいがちょうどいいし、まわりからも邪魔されない。何よりも幸せに生きられる。そのほうがよりよい感情を生み、結果的にいい方向に行くのだ。

誰でも、結果が出る前のチャレンジに答えを見出すことはできない。**根拠なんか、はじめる前に探したって見つけることはできない。**それならば、いいパフォーマンスを発揮できるほうを選択すればいい。

▼20代のうちに、もっと「ハッタリ」をかましてみろ

しかし、まだ経験の少ない20代に対して、根拠がないのに自信を持てというのもなかなか難しいだろう。

そんなときに有効なのが大見得、つまり「ハッタリ」だ。

自信をつけるための最初の一歩として「ハッタリ」を使うのは、セルフイメージを上げるうえではかなり効果的なのだ。

ハッタリは20代の仕事でも使える。

たとえば、やったことがない仕事でも、

「部長、それくらいなら僕一人でできますので、任せてください」

と、勇気を絞ってハッタリをかまして自分のハードルを上げる。

あえて意識的に自分を極限まで追い込み、それを乗り越えることで「本当にできちゃった」と自信がつく。

自分に自信がつくときなんて、案外そんなもんだ。

もしそこで「自分には無理です」と、簡単な仕事に逃げてばかりいたら、いつまでも成長しないし、自信はつかない。

そもそも、自信が持てない人生ほどつらいものはないじゃないか。

20代を大きく生きるも10年。無難に生きるも同じ10年だ。

自信過剰になってしまってはいつか痛い目にあうが、若いなら、失敗ばかりを恐れて何も踏み出さない生き方よりはよっぽどマシだ。

ハッタリで自分にエンジンをかけ、調子に乗りすぎたところで鼻をへし折られるくらいの経験を何度かしたほうが、仕事人としての幅も生まれるというものだ。


20代には若さという特権がある。

ほかのどの世代より、まわりからの視線はずっと優しい。

なぜなら、20代はやり直しがきくからだ。

責任を押し付けられることの少ない20代。

このアドバンテージを思いっきり有効活用しない手はない。

つい調子に乗ってしまったり、生意気になってしまったりして怒られるくらいでちょうどいいのだ。**もっと大見得を切ってみろ。**

20代のうちに「とりあえず言ってみる勇気」を身につけよ

▼その遠慮はいらない

20代のあなたが、いまよりうまくいくのは簡単だ。

「とりあえず言ってみる」という癖をつければいい。

これまで、たくさんの人に出会って生きてきたなかで思うことだが、世の中にいいちばん多いのは「実力のない人」ではない。

才能や技術を持っているにもかかわらず、そのことを「表現できない人」だ。

「そんなことできたんだ、それ早く言ってよー」と上司に言われたときには、すでにほかの誰かにチャンスを持っていかれてしまっている人のなんと多いことか。ああ、もったいない。


どうしても遠慮してしまうあなたのようなタイプは、決まってこう言う。

「提案したいとは思うけど、先方が忙しいと思うからなかなか連絡できないんです」

「なんか自分で志願するのって、カッコ悪い気がして……」

そのスタイルはもうやめよう。

遠慮せずに、さっさと手を挙げて、

「自分にやらせていただけませんか?」

と、言ってみればいい。

そのうえで誰に任せるかは、相手や上司が決めること。最初から土俵に乗らないのでは、選ばれるもへったくれもないじゃないか。

ここは大切なところだから、はっきりあなたに伝えたい。

世の中というのは、実力がある・ないよりも、それを人に伝えることができるか・できないかで決まる。

▼もったいない人になるな

自分の腕を磨くことはとても大切だ。

しかし、それと同時に、ある程度の腕を磨いたあなたは、その腕を人に伝える練習をしたほうがいい。

そう考えると、敵は同業者や同期の人間ではなく、遠慮してしまう〝あなた自身〟だと気づくだろう。

「自分はこんなことができます。何かお役に立てることはありませんか？」

このひと言が言えるかどうかが、あなたの未来を大きく変える。

そして、決定権を持っている人は、いつもそういう人財を探し続けているものだ。

そう考えると、20代は、おとなしく引っ込んでいる場合じゃない。

「また出過ぎちゃった」と反省するくらいでちょうどいい。

極端に言ってしまえば、遠慮ばかりしていたら、やがては隅っこに追いやられて、歯がゆい思いをしながら生きていく人生を送ることになる。

よくて「可もなく不可もない人生」くらいだ。

ここから何十年も働いていく、そのスタート地点から、そんな人生を選んでほしくはない。

20代で身につけておくべき大切なことのひとつ。

それは、

「自分が役に立てることを探し、立候補する」

ということだ。

ダメで当たり前と心のなかで設定しておけばいい。うまくいったらもうけものだ。

ならば、やらない手はない。

「言ってみるだけはタダ。ならば、とりあえず言ってみよう」

この言葉を、仕事がはじまる前に3回つぶやくことを習慣化してみてほしい。思いもよらないチャンスが転がり込んでくるはずだから。

20代はネタづくりの期間と捉えよ

▼いきなり成功を狙うな

「チャレンジすればうまくいく」

「若いうちは、まずは行動!」

「動けば変わる」

新人研修の際やまわりの大人たちからそう言われ、「そうだよな」なんて思っても、一歩が踏み出せない人は多い。

いくらチャレンジのすばらしさを頭で理解できても、その理論どおりにチャレンジできる人は少ないのも事実だ。

なぜ、そのほうがいいとわかっていても動けないのだろうか？

その理由は、簡単。

ひとつは、失敗するのが怖いから。

そしてもうひとつは、一発目から成功させようと力んでしまうからだ。

しかし、ここでよく考えてみてほしい。

優秀なプロ野球の選手でも3割打てば大選手だ。

ということは、10回打席に立ったら7回は失敗しているということになる。

ビジネスの世界でもそうだ。

どんなに優秀なビジネスマンでも、「あちゃー、この企画やってしまった……」という経験は必ずある。

その現実のなかで、わずか一度の失敗で心が折れてしまい、チャレンジをあきらめてしまう人と、チャレンジし続ける人との違いは、

「失敗した。もうダメだ」

と考えるか、それとも、

「それなら、次はどうやったらうまくいくんだろう?」

と考えるかの差だけ。


歴戦のプロたちですら失敗を覚悟してチャレンジしているのに、あなたのような20代がいきなり10割を狙うこと自体にそもそも無理がある。

そんなことを望んでいたら、1000年経ってもチャレンジなんかできっこない。

▼最初は誰だって素人だ

そもそもあなたの上司や尊敬する人、いま身近で大活躍しているビジネスマンなど、まわりのプロたちも最初はみんな素人だったのだ。この事実に早く気づこう。

誰もが手痛い失敗をし、それを次に活かしながらチャレンジした結果、いまの活躍があるのだ。

一度や二度の失敗は当たり前。

そう腹を括《くく》って、まずはチャレンジ。そして次は改良。

このサイクルの繰り返しでやっていけば、必ず打率は上がる。


成功へのチャレンジに失敗はつきもの。

大切なのはここからだ。

失敗したことをただ嘆くのか、チャレンジした自分を褒め、その失敗から何かを学ぶことに全力を傾けるのかで、その後が大きく変わる。

まずは「失敗しないように」と無理に力むのではなく、「失敗してもいいんだ。やってみよう」と、口に出して言ってみよう。

それだけで心が軽くなる自分に気づくはずだから。

失敗なんか怖くない。いちばん怖いのは、失敗を恐れて一歩も進めなくなってしまい、後々になって後悔することだ。

「この時期に失敗のネタを何個つくれるか？」

それくらいの思いで20代を過ごせれば合格点だ。

20代の失敗は、あなたの大きなネタになる。

20代のうちに「プラス観」を身につける

▼ものごとのプラスの面を見つける力

ものごとをあまり深く考えない人がいる。

「自分って楽観的なんだ」

「あなた、深く考え過ぎじゃない?」

と、言っている人がいる。

とくに20代においてこの言葉を使う人は、楽観的というより、能天気なケースが多い。

20代のあなたからは見えにくいかもしれないが、本当は社長だって芸能人だって、あなたの隣にいる上司だって、みんな悩んでいる。

悩み続ける人と、その悩みを克服する人は何が違うのか？

それは、できごとのプラスの側面を見つけ、心を立て直す力を持っているかどうか、この一点だけだ。

うまくいく人だけが持っている、この悩まない力を「プラス観」という。

ものごとには何でも表と裏がある。プラス観とは、悩んだとき、その「**マイナスの裏側にあるプラスを発見する力**」のことなのだ。

▼悩んだ数だけ強くなれる、悩んだ人ほど強くなれる

能天気とプラス観。

ある意味、紙一重なのでわかりにくいが、この2つは種類が違う。

あまりものごとを深く考えない人、つまり能天気な人には環境的に特徴がある。

それは、

「まわりの人や環境が、その人をしっかり守ってくれている」

ということ。

守られているからこそ、能天気でいられる。まさに純粋培養というやつだ。

この場合、まわりが助けてくれるときはいいが、何かの拍子で一人になったときは当然そうもいかなくなる。

こう考えると、自分の幸せをまわりに依存することは、ある意味ギャンブルだ。

「この人と結婚すれば幸せになる」

「この会社に入れば一生安泰」

「何かあってもまわりが守ってくれるはず」

そんな考えは甘いし、そもそも古い。

もしあてが外れたときは、ずっとその相手のせいにしながら生きていくことになってしまう。


本当のプラス観とは、まわりに左右されるものではなく、どんな環境のなかでも、流されることなく自らが選択していく力なのだ。

この力が身につけば、どんな環境に置かれても、ブレずに自分のペースで生きていける。

そう考えると、もしいま、20代のあなたがいろいろなことで悩んでいるとすれば、その悩みの数だけプラスを見つける機会に恵まれているということになる。

腕立て伏せをすると筋力が強くなる。

それと同じように、マイナスをプラスに捉える訓練をすればするほど心が強くなる。一生懸命悩んだということは、それだけ心のトレーニングができるチャンスがあるということになる。

悩んだ回数が多ければ多いほど、プラス観の力は高まっていく。

この力さえ身につけば、人生は無敵だ。まわりに自分の幸せを預けるのは卒業して、本当のプラス観を身につけよう。悩みを飛躍に変えることができた人は強い。

20代のうちに「多くの飛躍は
ピンチからはじまる」と知る

▼ピンチは神様の試験

「仕事で失敗した」

「想定もしない不幸が襲ってきた」

「自信を木っ端みじんに打ち砕かれることがあった」

そんなときは、文句なしにつらい。

しかし、私はそのときこそが、あなたの飛躍の物語の序章だと言い切る。

私は現在、東京で出版プロデュース会社、そして九州で飲食店の会社のふたつを経営している。

いまでこそこうして著作家として本を書かせていただけるようになったが、いまから20年前、20代中盤のころは、どこにでもいる3坪のたこ焼き屋だった。

正直、20代は失敗だらけだった。

「その失敗だらけだったたこ焼き屋が、なぜいま20代に向けた本を書いているの？」と、あなたは思っているかもしれないので、「ピンチは飛躍のはじまり」と言い切る根拠として、ここで私の具体的な失敗歴に触れさせていただくとしよう。

▼私の人生のピンチベスト10

1974年、私は商家の4代目として大分県中津市に生まれた。

曽祖父は下駄の卸問屋、祖父はスーパーマーケット経営、両親はギフト屋の経営。

みんな忙しく働いていたので、家に帰っても「外で遊んでこい」の一点張り。

私の遊び場はもっぱら、目の前の商店街のアーケードだった。

「家に自分の居場所がない」

いま思えば、まずこの環境が私にとっての人生初のピンチだった（**ピンチ1**）。

仕方なしに近所にあった、たこ焼き屋に暇つぶしで通うようになると、
その店のおばちゃんに気に入られ、
10歳のとき、本格的にその店の手伝いをすることになる。
その店に親友を引っ張り込み、
「大きくなったら、ふたりでたこ焼き屋をしよう」と約束。
その後、人脈づくりのために東京に行くことを決意。
しかし、その親友は私の上京前、心臓の病で突然他界（**ピンチ2**）。
学生時代の人のツテで飛び込んだ東京の出版社に就職。
その会社のクライアントとして出会った、

日本一のソース会社である「オタフクソース」のトップに紹介された「築地銀だこ」の社長に心意気を買われ、本部スタッフとして転職。

1年半の修業を経て、26歳のとき、

たこ焼き屋「天までとどけ。」を地元の大分・中津に開店。

しかし、経営が思うようにいかず（**ピンチ3**）、

スタッフたちの給料を払うために行商を開始したが、

それでもスタッフたちの愚痴は収まらず、人生に迷う（**ピンチ4**）。

祖父の遺言に従い、鹿児島の知覧へ。

そこで触れた日本の先人たちの精神に感動し、

「スタッフたちのために生きる」と決意。

スタッフが家から通えるようにするために、

それまでの2年間のたこ焼き行商を終了。

28歳、４０００万円という借金をし（**ピンチ5**）、

「陽なた家」というダイニングレストランを地元中津につくる。

しかし、開店1か月前、スタッフの半分以上が退職（**ピンチ6**）。

大型の飲食未経験なので、悪戦苦闘しながら試行錯誤した末、
「来てくれたお客さんが感動し、
スタッフたちが辞めずに働ける笑顔が集まる家にする！」と決め、
バースデーを祝うサプライズイベントを考案（口コミだけで、
ピーク時は年間３０００件の予約）。

そのイベントから発展して生まれたウエディング事業。
とあるウエディングの参列者が、たまたま東京の出版社の編集局長で、
その場で声をかけられて本を出版。その出版以前から、
「俺は田舎者だから、都会みたいにはチャンスがない（**ピンチ7**）。
だから、自分から人脈を掴むために飛び込んでいくしかない」
という考えに基づく、オリジナルの出会い術を考案していたことにより、
29歳のとき、日本一の大商人と呼ばれる人生の師匠と出会う。

運よくマンツーマンのパーソナルコーチングを受けることができるようになり、人生が540度激変。

「全国からわざわざ人が集まってくれる、一本桜みたいな店を目指せよ」という師匠の言葉に感動し、「この田舎町で、いかに人に喜んでもらえるのか？」だけを考え（**人がめったに来ない田舎でなければ、おそらくこんなことは考えなかったので、これもピンチ7**）、全国から店に来てくださった方への無料コーチングを開始。

講演活動の懇親会でも、「来てくれた人の成功のためにとことん付き合う」というコンセプトで、懇親会後も朝までコーチング（いまはさすがにやっていません）をしていると、口コミで全国から若者がさらに店まで押し寄せてくるようになり、コーチング活動がビジネスとしてブレイクしはじめることになる。

一方、本をつくるたびに東京へ行くのは本当に大変だった（**ピンチ8**）ため、「できるところまでは自分たちで本をつくってしまおう」とやっていくうちに、オリジナルの出版スタジオが完成。
自社で出版スタジオをつくったことにより出版が加速。
自著書が累計70万部を超え、出版プロデュース40作、
幕張メッセでの6000人講演も無事成功させることができた
人生絶好調の40歳、2015年7月に、最愛の母がガンになる。

その闘病生活と母の他界（人生最大の**ピンチ9**）を通して、
「大切な人を守るためにはお金も必要だ」という、
きちっとしたビジネスモデルの大切さを痛感。

2017年、そのビジネスモデルをつくるため、
事業拠点を九州から日本の情報の発信地である東京に移し、
本格的に体系立てたビジネスとしてのコーチング業、出版プロデュース、
ブランディングコンサルティングなどのビジネスを開始。
同時に人財育成の「永松義塾」を開校。

２０２０年、それまでの執筆やプロデュースの経験をもとに、出版社を東京・麻布に設立。

「さあ、ここから第二の起業人生がはじまる」とワクワクしていた２０２０年春、コロナショックが勃発（**ピンチ10**）。

計画を調整しながら現在奮闘中。


思いっきり短縮してみたが、私にとって人生を変えた代表的なピンチは以上だ（小さいピンチは数え切れない）。

もうおわかりだと思うが、私の人生も、追い詰められる経験が、じつはすべてのスタートになってきたと言える。

これは立場や環境は違えど、いま20代のあなたにとっても同じ。

何らかの形で「あ、俺、終わった」とあきらめそうになったときが、じつは終わりなのではなく、はじまりなのだ。

よかったら、あなたもいままでの「ピンチベスト10」をつくってみてはどうだろうか？　おそらく、さまざまなことが見えてくるはずだ。

第2章

20代のうちに〝いい人〟は卒業しなさい

20代のうちから、まわりを見ないと手を挙げられない人間になるな

▼まわりの顔色をうかがうことが、癖になっていないか？

発言の機会を与えられたとき、あなたはまわりを確認するタイプだろうか？それとも、まったく気にせずに心のまま手を挙げるタイプだろうか？

仕事のひとつとして、セミナーや講演業をしているなかで、2つの種類の人間がいることに気づく。それは、

「自分の意思で行動を起こす人」

「許可をもらうことが癖になってしまっている人」

の2つだ。

よくも悪くも横並びをよしとする日本人のほとんどは、まず後者、まわりの反応を見てから自分の行動を決める癖が染みついている。

まわりが手を挙げると、顔のところくらいまで手を挙げる人のなんと多いことか。

実際に対面セッションをしていても、「え？　何十年もそんなことに遠慮していたんですか？」と驚くケースに出くわす。

そんな人の心のブロックをひとつずつ壊そうとしても、本人も無意識に、

「え？　そんなことしてもいいんでしょうか？」

と、そのつど許可を求めてくるのだ。

▼一人でビーチフラッグをしてみよう

これには理由がある。

小さいころからまわりの人に「これやってもいい？」と聞くことが無意識の癖になってしまっているからだ。

これに対して、ある意味、自分勝手に自らの意思で動く人というのは、結果的に得する人が多い。

ほとんどの人が考えて動けない間に、さっさと動くのだから、それは当たり前だ。

一人でビーチフラッグをするようなものだ。

もしあなたが後者の「許可をもらうことが癖になってしまっている人」だったとしたら、いまから少しだけでもいいから、その許可癖をはずしてみないか？

小さいころ、もしくは社会に出ても指示待ちで動くことが多く、許可癖がついてしまったのなら、それはいますぐ手放そう。

そのほうが絶対に楽しいし、生きるのが楽になることを保証する。

▼自分の意思で手を挙げよ

「はっきりとものを言う」

「手を挙げて前に出る」

あなたにとって勇気のいることは、人にとっても勇気がいることだ。

あなたにとって恥ずかしいことは、人にとっても恥ずかしいことだ。

あなたにとって難しいことは、人にとっても難しいことだ。

人の心の基準は本来、そんなに大きく変わるものじゃない。

「人によって性格は違う」とあなたが思っているとするなら、それは間違っている。違うのは性格ではなく経験値のほうだ。


あなたが前に出られないときに、前に出ることができる人間というのは、勇気があるわけではない。

あなたより先に、前に出た経験を持っているだけだ。

あなたより先に、勇気を出しただけだ。

スタートはみんな同じようなものなのだ。

本来の自分を生きると、それが世間から厳しい評価を下されることだって当然ある。
期待に応えられないときだってある。
人生、波風もときには立って当たり前。そう割り切ろう。
心からそう思えたとき、あなたはいまの枠からもっと自由になれる。

「本当は、自分は何がやりたいんだろう?」
立ち止まってそう考えはじめたとき、それは自分に意識が向きはじめた証拠。
自分がない人なんていない。本音がない人なんていない。
これまで染み込んできた常識で、それが隠れているだけなんだ。
たまには自分の気持ちを優先してみても、あなたには決してバチは当たらない。
もっと主体性を持って、自分の意思で行動していいのだ。

20代のうちに「自分から仕掛ける力」を身につける

▼行動なくして成功なし

伸びる人には共通して、独特の行動力がある。

「自ら仕掛ける力」を持っている。

欲しいものや変えたいこと、主導権を握りたいことがあったとき、座して待つのではなく、それを実現するためにリスクに飛び込める人は、まわりに大きな差をつける。

そういう人に対して、まわりは、

「すごい行動力ですよね」

と言う。

しかし、本人にしてみれば「そこにあるものが欲しいと思うから、自らつかみ取りに行く」「必要だと思うからやる」というシンプルな思考だけであり、そこに小難しい理屈などない。

そのおかげで、自ら仕掛けて手に入ったときの喜びもたくさん感じることができる。その喜びの快感を知っているからこそ、またさらに行動する。

そういう人からすると、周囲が自ら仕掛けていかない姿を、逆に不思議に思うくらいだ。

では、自分から仕掛けられない人は、いったい何を恐れているのか。

プライドが傷つくことだろうか？

怒られることだろうか？

目立つことだろうか？

手間が増えることだろうか？

せっかく、失敗しても肯定される20代という時期を生きているのに、行動しないのはあまりにももったいないと思わないか？

▼受け身で生きるか、主体的に生きるか

自分から仕掛ける。つまり、主体的に生きるということこそ、自分の意思で人生を切り拓くことにつながってくる。

人は「受動派」と「主体派」に分かれるのだ。

その違いをここで書いておこう。

まずは、「受動派」の特徴。

- **天気やまわりの人の言葉に左右される**
- **マスコミやネットなどの言葉に振り回されやすい**
- **嫌なことがあると、相手のせいにする**
- **文句を言う**

・機嫌の上下が激しい
・マイナストークが多い
・人に依存する
・人が何かをしてくれるのを待つ

次に、「主体派」の特徴。

・雨が降っても心は晴れ晴れ
・マスコミやネットでどんなものを目にしても、自分の価値観で判断する
・嫌なことがあっても立ち直って歩きはじめる
・人のせいにしない
・いい意味で人は人、自分は自分と割り切る
・いつもご機嫌
・プラストークが多い
・人に依存しない
・自分の力で人生を切り拓こうとする

どちらの人生が自由かは明白だ。

自分の身に何が起きるかではなく、主体的に生きるか受動的に生きるかで、人生はこれだけの違いが出るのだ。

そして、自由に生きるかどうかの選択の決定権は、ほかの誰でもなく、その人自身の手のなかにある。

▼便利さをあえて捨ててみる

言われたことを最低限していれば、毎月給料は入る。

恋人がいなくても、ほかの手段で心を満たすことができる。

スマホで簡単に、誰とでも直接連絡を取れる。

そういった意味では、世の中が便利になりすぎて、狩猟本能が育ちにくい時代ではある。

しかし悲しいかな、何もせずにただ歳だけを取っていくと、行動力や仕掛ける力はどんどん錆《さ》びついてしまう。使っていない筋肉が衰えてしまうことと同じように。

そうなると、人は受け身にならざるをえなくなってしまう。

そして、最終的には他人から理不尽な命令をされるか、時代に流されるしかできない側の人間になってしまう。

そこまではいかないにせよ、仕掛ける力を失うということは、失敗もないが同時に手に入るものもなくなるということだ。

せっかくの20代。

欲しいものがあれば、まずは一歩を踏み出してみればいい。

脇目も振らず、そこに向かえばいい。

方法なんて、走りながら考えればいいんだ。

20代の成功確率は、バッターボックスに立つ回数に比例する

▼成功運を上げたければ、とにかくバッターボックスに立て

この項目は本書のシリーズ前作『30代を無駄に生きるな』(きずな出版)にも書き、大反響をいただいた部分だ。

30代よりももっと自由に動き回れるはずの20代のあなたには、ことさらに伝えたいことなので、あらためて書くことにする。

もしあなたが何かにチャレンジし、失敗して怒られてしまった経験があるなら、あなたは今後、成功する大きな見込みがある人だ。

なぜなら、それは「行動している」ということだから。

行動しない人は、怒られることもないが、人からはやがて忘れられていく。

行動する人はそのぶん失敗もするが、評価に値すると言える。

これは言い換えれば、「つねにバッターボックスに立っている」ということだ。

バッターボックスに立ち、バットを振っている人、つまり行動している人は、やがてヒットやホームランを打つようになる。

しかし、いまの世の中は、バッターボックス前のネクストバッターズサークルで、もしくはベンチに座ったまま、「あのピッチャーはこう投げる」とか「あのバッターはこう打たないからダメなんだ」と、自分は打席に立たずに、チャレンジしている人を評論している人が多すぎる。

塁に出るチャンスは、バッターボックスに立った人にしかやってこない。

人生の先輩たちの話を受け入れるということは、バッターボックスでヒットを飛ばすためのヒントを得ることだと考えよう。

そして、いざバッターボックスに立ったとき、

「空振りをしてもいい。とにかく一度でも多く打席に立つんだ」

と思える勇気は、あなたを光ある未来へ連れていってくれる。

▼打席に立った数だけ、人は上達する

運はバッターボックスに立った数に比例する。

20代はいかにバッターボックスに立つかが、何にも増して大切なことだ。

ヒットやホームランを打つことではない。打率を意識するのはまだ先だ。

一度でも多くバッターボックスに立つことは、自然と嬉しいおまけがつく。

どんなにへたな人でも、打席に立てば立つほど打率は上がっていくということだ。

なぜか？

あなたが10回打席に立って、1回ヒットを打ったとしよう。

その場合、打率は1割。

これがもし1000回立ったとしたら？　打率1割だとしても100本のヒットが打てるという計算になる。

しかし、そう単純な話ではない。人は上達する生き物だからだ。

1000回も打っているうちに、やがてコツをつかんでくる。そうなると、1割だった打率が2割、3割と上がっていく。

そして、いつかホームランを打つ。

その日のためには、まずはとにかくバッターボックスに立つこと。

その準備こそが、知識を得ることであり、先に経験した人の話を聞き入れるということなのだ。

▼無料の宝くじを何枚でも引いていいとしたら？

バッターボックスに立つこと。もしこれがあなたにとってハードルが高いと感じるなら、こう考えて欲しい。

それは「無料の宝くじを何枚でも引く」ということ。

いくらくじ運がない人でも、引き続ければいつか大当たりする。何もチャレンジしないということは、目の前に置かれた宝くじにまったく手を出さないということと同じだ。

そう考えてみると、いかにももったいないことだと思わないか？

しかし、30代、40代と年齢を重ねるにつれ、人はだんだんそのくじ引きのチャンスが減っていく。くじを引くことに対しての責任も増えてくる。

であれば、失敗が許される20代のうちがチャンスだ。

チャレンジが許される20代のうちに、くじは何枚でも引いておこう。はずれくじを引いたって、人はそんなに笑ったりはしない。

20代、最短でたどり着く方法やりたいことに

▼20代のころは、やりたいことなどほとんどできないと心得る

「**やりたいことをやろう**」

この言葉が大流行りだ。

これは裏を返せば、

「**やりたくないことはやるな**」

ということだ。

会社を辞める。

社会的責任を放り出す。

なぜなら、やりたいことではないから――。

まだ駆け出しの人間がこの発想を持つと、辞める言い訳にしかつながらない。

そもそも聞いてみたいが、いきなりそんなにやりたいことばかりをやらせてくれる会社なんてあるのだろうか？

ひとつの会社のなかの仕事でいえば、誰かが自分の好きなことをやる一方で、誰かが自分を犠牲にしてでもやりたくないことをやっている。それが実情だ。

とくに新入社員のころは、「すべき仕事」よりも「やりたい仕事」を追求しようとすると、上司の頭を痛める問題児になる。

仕事を決める権限は、ほとんどの組織では上司にある。結果として当然、やりたいことから遠のいてしまうことになる。

「何しに来たの？　嫌なら帰れば？」という話になってしまうのだ。

▼20代のうちは、選り好みせずに求められることを全力でやれ

最近、コンサルティング業務の一環で、職場に対しての不満をよく耳にする。

「給料が安い」

「休みが少なくて労働環境が不満」

「評価が適正じゃない」

……このあたりが御三家といったところだろうか。

それが従業員の権利であることは百も承知している。

しかし、社会で20代といえば、ほとんどが底辺からのスタートだ。

そこから這い上がるために実績を残し、競争を勝ち抜いてポジションを上げることで初めて、やりたいことができるようになるのだ。

だからこそ、20代のうちはやりたいことを語る前に、まずは求められることを全力でやる。これを優先したほうがいい。

その間に、自分の思わぬ素質に気づくこともあるし、新しい目標が見つかることだ

ってある。

残念ながら、社会は見えない年功序列で成り立っている。

どんなにすごいことを言っても、社会に出たばかりの若造の言うことなど誰も聞いてくれない。

そう考えると、体育会系で、なんとも厳しい世界だ。

ともすると20代は、社会は厳しく、矛盾に満ちているということを学ぶ期間なのかもしれないとさえ思える。

▼いつの時代も変わらない矛盾は存在する

この矛盾と戦うことより、この矛盾を「そんなこともあるんだな」とさっさと受け入れ、自分の実力を磨くことに大切な時間を投資しよう。

そして、早い段階で着実に力をつけ、自分が本当にやりたいことができるところまで最短距離で行くのだ。

実績をひとつずつ積み重ねていくことによって、社会はあなたに優しくなる。残念ながらそんなものだ。

20代の人から見ると、この社会は理不尽であふれている。

これは30年前もいまも、大きくは変わらない。

そして、これからもそれほど変わることはないだろう。

それを現実として受け入れ、逃げなかった人は、同世代と比べても確実に一皮むける。これもずっと変わらない真実だ。

「損して得取れ」とはよくいったもので、若いうちに、いっけん損をする仕事にどれだけ真剣に向き合えるかも、その人自身の器量を決めるひとつの要因だ。

いやなことから逃げても、それは一時しのぎ。そこで得た〝ラクさ〟は、いつか自分に牙を剥いて噛み付いてくる。

そのほうがずっと怖い。

私のまわりにいる成功者たちに過去を聞くと、理不尽を絵に描いたようなやんちゃな親分のもとで育った人や、もしくは経済的に恵まれない家庭で社会の厳しさを味わって育った人が多い。

理不尽な世界を体験しているということ。

これは、いつしかその理不尽や矛盾に対する耐性がつくことにつながる。

ちょっとしたことでへこたれないし、いちいち目くじらを立てなくなる。清濁《せいだく》を併せ呑むことができる人になれるのだ。

伸びる人は、自分のやるべき仕事をまず先にやる力を身につける。その向こうにしか、やりたい仕事ができる世界は来ないと知っている。

キャリアを重ね、ポジションや所得、利益を十分に身につけないと、結果的には自分が本当にやりたい仕事にはつけないことを合理的に理解しているのだ。

20代のうちに一流人のメンタルを手に入れる

▼努力は「いつかなんらかの形で」必ず役に立つ

私は「努力は報われる」と思っている人間の一人だ。

「そんなことを言ったって、叶わない努力だってあるじゃないか」こんなふうに思われるかもしれないが、努力は絶対に「なんらかの形で」報われると信じている。

願った通りの未来が叶わなかったとする。

がんばったからといって、一等賞が取れなかったとする。

しかし、それはあくまで、

「一等賞を取る」

という目標が叶わなかっただけであって、その目標に向けて自分の全力を出した人には、がんばった経験や、自分のスキルの向上など、恩恵は必ずある。

つまり、努力が叶うスパンを長く取っていれば、その努力はあなたの人生で必ず役に立つと言えるのだ。

▼あなたはすでに一流のメンタリティを持っている

そのうえで質問したい。

あなたは、時間や寝食を忘れて何かに没頭したことはあるだろうか？

ゲームでも遊びでも、仕事でも趣味でも勉強でもなんでもいい。

「ある」と答えることができるなら、あなたは必ず一流になれる。

なぜか？

あなたが何かに打ち込んだその状態、それが「一流のメンタリティ」だからだ。

はっきり言う。

一流の人とそれ以外の人の差は、紙一重だ。

一流の人はくじけそうになってもあきらめず、そのほかの人はあきらめてやめる、ただそれだけだ。

そして「あきらめなければ、ある程度のところまでは行き着く」という思考を自分のなかにインプットするか、「どうせやっても無駄」という思考をインプットするか、その差だけなのだ。


もしあなたが何かに没頭したときのメンタリティを保つことができれば、簡単に一流になれる。たとえその場所でトップになれなかったとしても、だ。

大切なのは「どれだけそこに必死になったのか？」ということだ。

いまあなたがやっていることが、どんなに無駄だと思いそうになっても、いまの努力から逃げないでほしい。

あなたがあきらめさえしない限り、いつの日か振り返ったとき、あなたのいまの努力から生まれた悩みが、後の道しるべとなる日が必ず来る。

うまくいく人や結果を出す人は、共通点を持っている。

それは、

「とにかくいい意味でしつこいし、とにかくいい意味であきらめが悪い」

ということ。

その姿は、いっけん愚直で不器用に見えるかもしれない。

しかし、続けていれば、いずれ不器用さはなくなっていく。

つまり、あきらめないことがあなたにとって大きな力になるのだ。

20代特有の「4つの焦り」を捨てよ

▼20代は、理想になかなか近づきにくいものだ

20代は不思議な世代だ。
人生に残された時間が余るほどあるのに、なぜか気持ちは焦ってしまう。
私自身の20代を振り返っても、そうだった。
たこ焼き屋という、ちょっと毛色の変わった仕事を志したせいもあるが、20代の10

年は、心のどこかにいつもなんらかの焦りがあった。


なぜ20代は焦るのだろう?

おそらく理由は4つある。


ひとつめの理由は、やりたいことがあってもそれに近づけないもどかしさ。

自分の希望といまの状態にあまりに差がありすぎるとき、人は焦る。

「いつまでがんばれば、やりたいことができるようになるのだろうか?」と考えると、いてもたってもいられない気分になる。

しかし、社会の構図はそういうふうにできている。これをひっくり返すのは天気を変えようとするようなものだ。

そんなことにエネルギーを注ぐより、20代という若さで、すでに自分のやりたいことをしっかりと持っていることを誇りに思ったらいい。

やがて必ず出番はまわってくる。

そのときまで、自分の刀を研ぎ澄ませておけばいいのだ。

▼先が見えないなら、いまをしっかりと見つめよう

2つめの理由は、やりたいことすら見つからないことに対しての焦りだ。

やりたいことが見つからないときは、自分の将来を見失いそうな不安が焦りを助長させる。

だからこそ、悩める20代に対して、40代の私が何かアドバイスできるとしたら、

「**先を焦らずに、いまだけを見つめてほしい**」

ということ。

見えない将来や遠ざかる希望を、不安な気持ちで見つめてもどうにもならない。それより毎日の仕事の現場や生活をしっかりと見つめよう。

先のことは見えなくても、いま現在のことなら誰でも見ることができるはずだ。

人は焦りがあるとき、いまをろくに見ておらず、見ようともしなくなる。

よくよく見れば、いろいろなものが見えてくるのに、その周辺に意外なものが隠されていることにまったく気づくことができなくなる。

いまに集中することで、たとえば優れた営業マンは、商品を売るだけが仕事ではなく、物を売るための企画力やディスプレーが必要だということに気づけるようになる。さらにいえば、自分自身を売り込むのが仕事だとわかってくる。

つまり、いま目の前にあるものをきちんと見ると、何をやるべきかが明確になってくるのだ。

課題や目標が見え、そこに少しずつ近づいていくことで、いつか自分の将来が見えてくるし、何をやりたいかがおぼろげにわかってくる。

そうなったとき初めて、焦りが消えかかっていることに気がつく。

だからこそ、いまある目の前のものを見るのだ。

焦る気持ちはよくわかるが、そんなときこそ、見えない将来にいつまでも気を取られてはいけない。

▼20代のゴールは30代ではない

3つめの理由は、必要以上に30歳を意識しすぎることだ。

たとえば、あなたは何か目標を立てるとき、「30歳までには」と自分に言い聞かせてはいないだろうか。

「30歳までには結婚したい」
「30歳までには部下を持ちたい」
「30歳までには独立したい」

など、挙げればキリがないが、なぜか20代のうちは、やたらと30歳を意識する。

30代の人が40歳を意識するより、はるかに多くのこだわりを持っている。

なぜか人にとっての30歳は、無言のプレッシャーがあるのだ。

30歳までに足元が固まっていないようでは、人生という長いレースに大きく出遅れてしまうような気がしてくる。

しかし、たとえそうだとしても、30歳はゴールではない。

ゴールはもっともっと先にある。

20代は、本格的な社会のレースのスタートラインにつくための、準備期間に過ぎないのだ。

サラリーマンを長距離ランナーにたとえるなら、スーツというユニフォームを身につけ、持久力や瞬発力を磨き、筋肉をほぐして呼吸を整え、いまやっとスタートラインに向かっているときなのだ。

スタートのピストルは、まだなっていない。

しかし、ここで焦ったり不安になったりしては体が萎縮してしまう。

力みすぎてはパフォーマンスが下がってしまう。

だからこそ、基礎体力をしっかりとつけておくことだ。

それさえ注意していれば、レースがはじまっても慌てずに済む。

20代はランナーとしての覚悟さえ身につければいい。在り方を学ぶというのは、その覚悟を学ぶということなのだ。

▼まわりとの比較を捨てる

最後の４つめの理由は、他人との比較だ。

社会に出ると、何かと他人を羨むことが多くなる。
仕事の内容、会社の規模、給料など、学生時代の友人と明確な差が生まれるからだ。
また、同期入社の仲間たちとも、希望した部署に配属されるかどうかで、入社と同時に失望感を味わったりするだろう。

その点、学生時代は呑気なものだ。お金のある・なしは大して気にならないし、必要ならバイトをすればいい。育った環境や趣味の違いも気にならない。どうせ似たもの同士が集まるのだ。

しかし、社会人になるとそうはいかない。明確な所得、会社の規模、ポジションなどが露骨に見えてくる。

このとき最悪なのは、羨ましさから自分を見失ってしまうことだ。

「能力だけなら決して負けないはずなのに、なぜ自分だけが、こんなにつまらない仕事をしているのか?」

「別の会社・職種に変えれば、チャンスが広がるんじゃないか?」

そう考えてしまうと、いまの会社で真面目に働くのがばかばかしくなってくる。


このように誰かと比較し、相手に自分と同じレベルを要求し、嫉妬するといった行動は、自分のまわりを見ることができていないばかりか、自分自身も客観的に見ることができていない証拠だ。

20代は誰でも一度はそんな壁にぶち当たるだろう。

そんなときこそ、嫉妬にエネルギーを使う暇はない。人を羨む時間があったら、自分のレベルを上げることにエネルギーを使おう。

それだけを心がければ、つまらない嫉妬などなくなる。

20代は、まわりの期待なんか無視しろ

▼多くの場合、いい人とは「自分にとって都合のいい人」ということ

「あの人って、いい人だよね」という評価がある。

その場合の「いい人」とはつまり、「誰にとってもいい人」なのではなく、「自分にとって都合のいい人」であることが多い。

「自分にとって都合が悪い人」のことを、人は「あいつは悪い人」という。

そう考えると、世間の評価とはなんともあいまいなものだと思ってしまう。

しかし実際は、

「いい人にならなければ」

「いい人だと思われたい」

と、人の目や世間の評価を気にしすぎる人があまりにも多い。

それはつまり、孤独にならないために、多くの人が自分を演じすぎているということだ。

▼「いい人」の定義は、状況によって大きく変わる

会う人会う人に対していい人を演じる。これだと、どう考えてもくたびれる。

しかし、私たちは幼いころから「いい子になりなさい」と、教えられてきた。

この矛盾に挟まれる。

では、その「いい子」というのはどういう子のことなのだろう?

そもそも、誰にとってのいい子のことなのだろう?

たとえば、元気な子が好きな親ならば、元気に外を走り回る子がいい子。

おとなしい子が好きな親ならば、礼儀正しくおとなしくしている子がいい子。まわりの人の価値観によって、「いい」の基準は変わる。

平和なときは、誰とでも分け隔てなく付き合える人がいい人ということになるが、もしトラブルや困難、もっと大きくいえば戦争が起きると、少々荒くれ者であったとしても、我先に困難に飛び込んでいく人や、多くの人を倒せる人が「いい人」ということになる。

つまり、世の中で言われる「いい人」の基準も、時代と人と場合によってコロコロ変わるいいかげんなものだ。

この期待に応えようとする癖がつきすぎてしまうと、大人になっても無意識に、世間や会社やまわりの人から◎をもらえる人になろうとして、本来の自分自身を押さえ込んでしまう人生を送るはめになってしまう。

▼他人の評価からもっと自由になれ

自分らしく楽しく生きた結果、評価されたならラッキーなことだ。しかし、そうではなく無理に自分を抑えてもらった◎は、長続きはしない。

まわりを見渡してみよう。あなたのまわりにも、期待に応えようとするあまり、疲れてしまっている人の多いことに驚くのではないだろうか。

他人の評価ばかり気にして生きるのはもうやめよう。

世間の常識、自分が思う自分の限界、「こうあるべき」という思い込みを一度疑ってみよう。

そのとき、おそらくあなたは、自分が意外と多くの無駄なものを抱えていることに気がつくだろう。

自分にとっていらないものを手放せば、あなたはもっと自由になれる。

いい人にならなくても、失うものは案外少ないと気づくはずだ。

20代のうちに、自分をがんじがらめにしてしまう人間関係を整理する

▼一人で歩く覚悟を持つ

自分の現状を変えようとしたとき、そして、自分を成長させるために何かをはじめたとき、絶対と言っていいほど避けられないことがある。

それは〝いったん独りぼっちになる〟ということ。

人間はもともと慣れた環境にずっといたい生き物だから、変化をとても嫌う。

そして、まわりの人が変わろうとすることも嫌うという傾向がある。

「人は人、自分は自分」と思える人はそうでもないが、大多数の人は嫌味を言ったり、冷めた目で見たり、なんらかのマイナスアクションを起こす。

仲間内なんかでよく起こることだが、誰か一人ががんばりはじめることは「変化が来た」と本能的に察知するし、自分が置いていかれる恐れや、自分もがんばらなければいけないという強迫観念に襲われるから抵抗するのだ。

人は異端を嫌う。

現在、自分の人生を楽しく歩いている人、人生がうまくいっている人も、最初は必ずこの抵抗にあっている。しかし、その孤独のなかで自分のやりたいことを貫いたから、いまがあるのだ。

もし、あなたが何かをはじめようとするとき、「いったん一人になっちゃうかも」と最初から覚悟しておくと、まわりの抵抗に一喜一憂することはなくなる。

先に起こりえることを知っていれば、「ほら、きたきた」で済む。

準備しておくことで、心の受け身が取れるのだ。

▼無駄なつながりと感じているなら、いっそのこと飛び出してしまえ

20代の甘えの大半は、友人への甘えだ。

その証拠に、ダメな人は必ず群れる。

群れて甘え合い、傷をなめ合い、嫌なことや寂しさを忘れようとする。

そして、群のなかの誰もが、相手に自分と同じものを要求する。


あなたがいま、いちばん恐れているものはなんだろう。

もしかすると、仲間を失うことではないだろうか。

社内で孤立することではないだろうか。

世の中の流れについていけないというレッテルを恐れているとしたら、そういう恐怖はいつ失ってもいいと気づこう。

それどころか、そんなものはいっそのこと捨ててしまえ。

孤立したとき、あなたの噂や悪口も出るだろうが、それもすぐに終わる。

無用なものは早いうちに手放したほうがいい。何より抱えるものが多すぎると、20代のうちから守りの生き方になってしまう。これはつらい。

本当の幸せが欲しいとき、自分の本当の気持ちに従いたいとき、これは何を置いてでもそちらを優先すべきだ。20代のうちから、自分を偽ってまで窮屈な生き方をする必要などない。

自分のスタイルをつくるということは、簡単に言えば、孤立を恐れないことだ。孤立を恐れないというのは、あなたが思うほど勇気のいることではない。やればわかるが、むしろ呆気ないくらい簡単でサバサバしている。

いろいろなものにしがみついたり、しがみつかれたりしながら生きるよりもずっと、世の中が明るくて広々としてくるはずだ。

▼まわりの人間関係を棚卸しする

人と人が出会うと、そのなかには関係の線ができる。これを人間関係という。

当然だが、まわりの人が増えるとその線の数は増えていく。そして、ともに歩いていくなかで、太い線、細い線、切れる線がジャッジされていく。

あなたの体はひとつだ。だから、そこばかりに時間を使えるわけじゃないし、その線にがんじがらめにされると何もできなくなる。ここに悩む人は多い。

そんなときは、付き合いを振り返ってみることをすすめる。

むやみやたらに付き合いを増やしてしまうと、度を超えて、しがらみというものになる。裏を返せば、付き合いの数だけ、悩みの数も増えていくことになる。

自分の本当に大切な人は誰なのか。
いま、あなたがつかみにいこうとしているその出会いは、本当に必要なものなのか。
いま、自分はまわりにいてくれる人を大切にできているのか。

しっかりと自問自答してみるといい。

悩みの数が付き合いの数に比例して増えていっていると感じたら、思い切って棚卸しするのもいい。それも悩みから抜けるひとつの早道になる。

会社はもちろん、友だちのグループやコミュニティなど、組織の人数や規模はさまざまだろうが、なかでも、同じ志を持つ気が合う仲間と一緒の組織に入っているときがいちばん楽しい。

しかし、安定してくるにつれて、必ずその組織ならではの常識や空気に染まっていくものだ。

あなたがいまそこにいて幸せならいい。しかし、どこか偏っていたり、制限されて窮屈だったりするなら、一度考えてみたほうがいい。

いまいる場所に違和感を抱いたら、ほかの組織に触れてみるのもひとつの方法だ。

世の中の組織は無数にある。

そう気づいたときにあなたはもっと自由になり、価値観がもっと広がっていく。

20代になったら、パパとママはもういないと思え

▼あなたはマザコン？　それとも親孝行な子ども？

20代で母親離れできない人が増えている。
俗にいうマザコンというやつだろう。
その原因を母親に求めるのは簡単だが、私に言わせれば、自分自身がすべて悪い。
母親の干渉を許してしまう自分の甘えがすべてだと思う。
「親だけは自分をわかってくれる。自分の能力も認めてくれる。職場の不満も自分の

立場に立って聞いてくれる。自分が要求するものをすべて受け入れてくれる。まるでもう一人の自分のように痛みを分かち合ってくれる」

あなたは、こんな思いを抱いてはいないだろうか。

つけ加えておくが「母親は頼る存在ではなく、守るべき存在だ」、そう思っている人はマザコンとは違う。親孝行な子どもだ。

しかし、もし「あ、俺、マザコンのほうだ」と思ったなら、それは少しスタンスを考え直したほうがいい。

たとえば、あなたが両親と離れて一人暮らしをしているとする。

独身ならば、あれこれ口を挟まれるはずだ。

仕事や結婚など、あなたの人生に大きく関わることも親が口出しをしてくる。

しかし、あなたにはあなたの考えがある。親から見れば危なっかしくても、あなたが思い描いている将来がある。

ならば、いちいち親に確認など取らずに、いまはその目標に向かって歩いていけばいい。

▼決定権を親に委ねるな

人生で後悔する人には、2つの共通点がある。

それは「最後の決定を自分で判断しない」ということ。

そしてもうひとつは、「すぐに人のせいにする」ということ。

あなたが何かにチャレンジしようとする。

そのとき必ず「現実を見なさい」というお決まりの言葉を使って止める人がいる。

その代表が親だ。

反対者が両親や身近な人だった場合、それは完全に善意だから、なかなかこたえる。

しかし、親子でも夫婦でも兄弟でも、まったく同じ価値観の人なんてこの世には存在しない。

人によって常識は違うし、人の数だけ常識があると言ってもいい。

「親がそう言うから」という理由で決断してしまうと、後悔したとき、必ず親のせいにする残念な生き方になってしまう。

逆に、自分で決めたことなら、どんな結果になっても受け入れることができる。

責任を取る勇気があるのなら、自分で決めた道をしっかりと歩けばいい。

親の意見に従って生きようが、自分の意思で生きようが、どっちにしても最終責任はあなたにしか取ることができない。

そもそも20代は成人だ。社会人としての責任は当然かかってくる。

そのかわり、自分ですべて決めていい自由もあなたは手にしているのだ。

だったら、少しくらい自分の意思で生きてみたっていいじゃないか。

▼一人の人間として親と向き合え

私自身、自分の母親を亡くして初めて実感したことだが、いまはどんなに疎ましく思っている両親でも、やがては死に、あなたを残していく。

20代になったのなら、そろそろ親には、同じ人間の先輩としての目線を持つことだ。

そのうえで、一人の人間として、自分がその人と向き合っていくのだという覚悟を持つべきだ。

「親は大切だから」と言うのなら、もちろん大切にすればいい。それはそれですばらしいことだ。しかし、可能な限り、甘えは捨てよう。

もしこれを厳しいと感じているとしたら、それこそが甘えであり、自分をぬくぬくと包んでくれる暖かな毛布をはぎ取られるのが怖い証拠なのだ。

寒かったら自分の服を着ればいい。

それくらいの自立心は20代のうちに確立させよう。

何でもかんでも親のせいにするのをやめて、自分の人生は自分で選んで歩もう。

自分の人生に起こることは、すべて自分の責任。

そう考えると、あなたのなかで親に対する在り方や向き合い方が変わってくることを実感するはずだ。

第3章

必ず伸びる20代の学び方

20代のうちに、いろいろな人の「在り方」を学ぶ

▼心が折れることは悪いことじゃない

質問。
あなたは自分の人生に満足しているだろうか？
幸せに生きているだろうか？
胸を張って「自分に生まれてよかった」と思えているだろうか？

生きているといろいろなことがある。それが楽しいことばかりだったら言うことなしだけど、人生はそんなに甘くはない。

ときには大切な人と別れなければいけなかったり、逆に嫌な人と顔を合わせなければいけないこともある。心が折れそうになる瞬間だってある。

しかし、ここで大切なのは、折れない心をつくることではなく、折れてもそこから立ち上がるスピードを速くしていくことだ。

▼自分の小さな殻を壊す方法

では、その立ち上がる力はどうすれば身につくのだろう？

そう考え続けているうちに、ひとつの答えにたどり着いた。それは、

「**うまくいっている人の心の在り方を知る**」

ということ。

なかなか立ち上がれない人というのは、えてして自分の殻に閉じこもり、まわりを見ないことが多い。

そうなると当然、自分のなかの生き方の選択肢は狭まっていくことになる。

逆に、心が折れても、そこからたくましく立ち上がる力を持っている人の共通点として言えるのは、たくさんのスタイルを知っているということだ。

「これが自分の在り方だ！」と、突っ張ることもときには大切なことかもしれない。

しかし、20代のうちからそうして自分の生き方を固めてしまう前に、先人や、いま自分のまわりにいる素敵な在り方で生きている人の生き方を知ったほうが、幅が広がる。

いろいろな在り方を知ることで、あなたは「立ち上がる力」を身につけることができるのだ。

▼在り方を知ることで、新しい一歩が自然とはじまる

これまでを振り返ってみても、私がいちばん元気をもらってきたのは、その人の言葉というより、むしろ在り方だった。

「俺はこう生きたよ。ところであなたはどう生きる？」

こう問われ、考え直し、行動することで人は初めて成長する。

いい本を読んで、いい話を聞いて行動しないのなら、それは単に個人のエンターテインメントだ。それなら映画でも観て、そのなかでの人の在り方を感じたほうがよっぽどためになる。


人は「がんばれ」と言われても、なかなか動かない。

しかし、がんばっている人を見たり、そういう人に触れたりすると、勝手に感動し、影響を受け、自分の意思でがんばりはじめる。

つまり、人の在り方こそが人を動かすのだ。

20代は多くの人に触れ、いろいろな在り方を学ぼう。

先を行った人たちは、いまでも私たちにたくさんの大切なことを教えてくれる。

うまくいく人はみんな、過去から学んでいるのだ。

20代は上司から学べることがたくさんある

▼上司こそ、多くのことを学べるいちばんの存在である

いささか運命論的な表現になるかもしれないが、20代の出来・不出来は、よくも悪くも上司で決まると言っていい。

いい上司に恵まれるということは、20代で頭ひとつ抜け出すための特急チケットを手に入れたようなものだ。

もしあなたの職場、もしくは同じ会社に尊敬できる上司がいるのなら、迷わず懐に

飛び込めばいい。

そのなかで、その人の仕事の仕方、考え方、人付き合いのコツなど、いろいろなものを吸収するのだ。

人間は影響される生き物だ。

そして、その影響にはルールがある。

それは、影響力の強いほうが弱いほうを染めていくということだ。

変に「学ぶんだ！」と力むより、できる限りその人と一緒に行動するだけで、その思考というものは移っていく。

言語で考えるとわかりやすい。

引っ越してその土地に住めば、その土地の方言が移りやすくなる。

東京に長くいればいつの間にか標準語になったり、関西にいれば「そら、あかんわ」と自然に言っている自分に気づいたり——。これは気づかないうちに影響を受けているということだ。

人間にその習性があるなら、その影響の力を逆に利用すればいい。

できる限り、いい上司との接触頻度を増やそう。

影響力のルールを利用して、その人に可能な限り多く触れるのだ。

▼嫌な上司に出会ったらこう考える

たとえ20代でも、1年も働けば、上司や会社の器が見えてくる。

自分より仕事に通じているのは当然だとしても、人間としてのスキルや仕事に対する姿勢といったものが容赦なく見えるだろう。

たとえば、上司の言うことや先輩の教えに納得できない場合。

そこでいちいち反論する必要はない。あえて議論する必要などない。

一生懸命議論を戦わせて、職場の人間関係がぎくしゃくするほうがよっぽどくだらない。

では、それでもひたすら耐えるのか？

私はそうは思わない。

心のなかで、その上司を見限っても構わない。

もちろん、異動は会社が決めることなので、自分から勝手には動けないから、組織的な立場は変わらない。

しかし、心まで縛られる必要は一切ない。

心のなかで誰を慕おうと嫌おうと、それはあなたが決めることだ。

▼嫌な上司を反面教師にせよ

こう言うと「それだと、上司からかえってにらまれてしまうのではないか?」と、心配するかもしれないが、反発を表に出して、わざわざ職場のルールまで破る必要はない。

与えられた仕事は、いままで通りにきちんとこなす。

上司への報告義務があれば、それも守る。

しかし、ひとつだけ例外がある。

自分の保身だけを考えているような上司なら、堂々と反論していい。

結果、上司との関係はぎくしゃくしてくるだろう。

ますます職場の居心地は悪くなるかもしれない。

だが、どうしても納得いかない上司とうわべだけ合わせて、へらへらとご機嫌を取っても無駄だ。そういうものはいずれ破綻する。

いくら自分が部下の立場だったとしても、「自分はこうだ」というスタンスだけはしっかり守ろう。

そのうえで、どうしても耐えられないときは、最終手段として転職を考えればいい。会社はたくさんあるのだから。

しかし、まだ我慢できるうちは、「悩む時間がもったいない。どうせなら反面教師にして学んでやる」くらいの心構えでいればいい。

そして、あなたが上司になったとき、その嫌な上司からやられたことと逆のことをやればいいのだ。

20代のうちに「人生の師」を最低でも一人は見つけよ

▼伸びる人は、この存在を必ず持っている

あなたは職場以外で「人生の師」と呼べる人と出会っただろうか？

セミナーで出会った先生、本の著者、映像で見た講師、実際に会ったことのない人でもいいし、会うことのできない存在でもいい。

親を師匠にするのもいいが、どんなにすばらしい人でも、親子関係というのは、お互いを公平にジャッジするのが難しくなるので、やはり親以外に一人でも人生の師匠

を持てたほうがいいと思う。

いずれにせよ、もしこの質問に「はい、います」と答えることができるなら、いい上司に恵まれた人同様、もうすでに成功のチケットを手にしていると言っていい。

伸びる人、やがて社会において頭角を現す人はすべてと言っていいほど、一流の師を持っている。

何をもって一流の師匠と呼ぶのかは人それぞれかもしれないが、自分を望む未来にナビゲートしてくれる存在は、輝かしい未来をつくっていくうえで絶対に必要だ。

▼厳しい人をメンターにせよ

一流の師は、ときには鬼になって突き放すこともある。

いつも甘い言葉ばかりは言ってくれない。

自分がいつまでも教え子のそばにいて助けることはできないと、知っているからだ。

自分がいなくなったあと、つまり生きていく長い道のりのなかで、あなたが困らな

いようにしっかりと大切なことを教えてくれる、これが本当の師だ。


そう考えると、最近は教える側が学ぶ側にちょっと遠慮し過ぎではないか？

正論ではなくても、私の若いころは、力ずくでも無理をぶっ通すような「本物の師」がいまよりたくさんいたと思う。

若い子に伝えるときに自分を守ろうとしない、つまり、相手のために捨て身になることができる、そんな親父タイプの「師」だ。

いまでいうとそんな人に対しては、

「押しつけだ！」

「相手が理解できなければ意味がない！」

という声が聞こえてきそうだ。


もちろん、理解できるように伝えるのは大事なことかもしれない。

しかし、よく考えてみると、その人の理解レベルで簡単にわかるようなことを伝えても、それが大きく役に立つのかどうかは疑問だ。

その場で理解させることばかりではなく、「俺の言ったことがいつかわかるよ」という、遠慮のない師に学ぶのも大切なことだ。

良薬は口に苦し。

イラッと来ようが、「この人は何を言っているんだ？　意味がわからない」と思ったとしても、それを受け入れることができるかどうかで、あなたの人間としての幅は大きく変わる。

20代のうちに歴史を学ぶことで、人間の本質を知る

▼時代が変わっても、真理は変わらない

昔から、偉い人たちがずっと繰り返してきた言葉がある。

どの本を読んでも、まるで「著者たちが事前に打ち合わせでもしたのではないか？」と聞きたくなるくらい同じ言葉が並んでいることがある。

同じことを繰り返し目にすると、「わかってるよ、そんなこと。結局みんな同じようなことを言ってるだけじゃん」とスルーしたくなるのも無理はない。

しかし、これには理由がある。

人の本質や、人として大切なことは、どんな時代でも変わらないからだ。

もちろん時代によって変わるものもある。流行やファッション、ビジネススタイルはその時代時代で変化していく。

しかし、その流れのなかでもずっと変わらないもの。それは本質的な人の心だ。

たとえば、魅力について。

江戸時代でも昭和でも令和でも、自分の魅力を上げる方法は簡単だ。与える人になればいい。

魅力には公式がある。

魅は与によって生じ、求によって滅す。

もうちょっと簡単に言うと、魅力は与えることによって生まれ、求めることによってなくなる。

これはいつの時代も変わらないことだし、誰でも同じ現象が起こる。

不易流行《ふえきりゅうこう》。温故知新《おんこちしん》。

変えていいものと変えてはいけないもの。昔から大切にされ続けてきた不易を大切にし、いまの時代に合わせていく。

真理を追いかけたほうが、時代によってコロコロ変えなくて済むからいい。

どうせ追いかけるなら、流行りものより、変わらないもののほうが楽だ。

▼20代のうちに、たくさんの大河ドラマを見よ

人の本質を知るために効果的な方法がある。

それは歴史を学ぶことだ。

生き方を知れば、人の在り方は変わる。

人の本質はどんな時代も変わらない。ということは、過去に痛い目にあった人やおいしい思いをした人から学べることは多いということになる。

情報源は伝記でも歴史小説でも映画でもいい。もちろんテーマも、戦国時代でも幕末でも三国志でもなんでもいい。

私が思うに、ストレスなく、楽しみながら学んでいくためにもっともおすすめなのが大河ドラマ。

とくに「20代のうちに絶対に見てほしい」と願う作品を個人的に挙げるとすれば、2018年に放映された「西郷《せご》どん」だ。

主演の鈴木亮平さんの演技が素晴らしいことは言うまでもないが、やはり日本を変えた幕末の立役者であり、維新三傑の一人と呼ばれる西郷隆盛の生き方は、多くのものを学ばせてくれる。

日本人ならば絶対に知っておいてほしい存在だ。

大河ドラマ自体、演出のためにフィクションが入っていることは否めないが、大枠は理解できる。その程度でいいのだ。

別に雑学王になる必要はないし、受験ではないのだから年号を覚える必要もない。

ツールはどれにせよ、人が歴史から学ぶときの基本姿勢はたったのひとつ。

人の心情を見抜く力を養うことだ。

つまり物語のなかで、人の本質に共通して見られる思考回路を見出すこと。

それが、私たちが歴史から学ぶ唯一のポイントだ。

時代や文化によって何を重んじるかといった価値観は多種多様だが、根っこにある思考回路は大して複雑ではない。

人間の原理原則を知れば知るほど、ものごとを本質的に考えられるようになり、行動でも応用が利くようになる。

▼起きたことではなく、感情を知る

人を知るには、人を観察する習慣を持てばいい。

毎日魚を見ていれば誰でも魚の目利きができるようになるように、日ごろから人を観察していれば人を見抜く力を養うことができる。

職務質問のうまい警察官もそう、入国管理の担当職員もそう。いつも意識を人にしっかり向けてさえいれば、ゆっくりと人の習性を見抜けるようになる。

たとえば、歴史書を読むときも、

「なぜこの人は、このような行動をしたのか？」

「こんな局面で何を思ったのか？」

こうして人の心情に思いを巡らせることが癖になると、結局のところ「やっぱり人間の本質って同じだよな」というところに気づく。

歴史から学ぶときだけではなく、自分の憧れている上司や師、もしくは兄貴分的な先輩に対しても、伸びる人はその先人たちの心根や在り方を知ろうとする。

格好を真似たり、行動を真似たりすることからはじめてみるのもいいが、その根底にある本質を見抜けなければ、いつまでもブレイクスルーは起きない。

歴史を知ることを通して、人の本質を学ぼう。20代でこの分野に精通することは、人間関係において人に先んじることになる。

20代のうちに10冊は「座右の書」を見つけよ

▼大好きな本は、必ず7回は読みなさい

人間を学ぶ、という意味では良書の存在もこれに該当する。

「大好きな本は、3か月の間に必ず7回は読みなさい」

これは私が20代のとき、ある成功者から教えてもらった言葉だ。

教わった通り、自分に合った本を何度も何度も読み込んでいくと、不思議なことに気がついた。

たとえば、数か月後に同じ本を読んだとしても、響くところが違うのだ。

「あれ？　こんなこと書いてあったっけ？」と、以前とまったく違うフレーズが目に飛び込んでくる。

それこそがあなたの求めるものの変化であり、成長の証。

まわりの環境やできごと、そのときの心境で見えるものがまったく変わってくるのだ。そう考えると、本はそのときの自分を測るバロメーターにもなってくれると言える。

▼100冊読んで何もしないくらいなら、10冊を徹底的に使いこなすほうが成長する

そして、その成功者はこうも言っていた。

「**その人の本棚を見れば、どれくらい成功できるかがわかる。それは本棚にどれだけの数のぼろぼろになった本があるかどうかだ**」

この言葉を聞いてからというもの、私は「一流の本棚」を研究し続けてきた。

その人が影響を受けた本を読んで、その思考を本からもらおうと考えたのだ。

ということで、本棚を見せてもらうことがミッションとなっていたわけだが、一部の学者さんをのぞいて、文献を本屋のように並べている人はあまりいなかった。

共通して言えることは、そこに並んでいる本たちはぼろぼろになっていたということだった。

そのことを知ってから、私は読書のスタイルを変えた。

多読ではなく重読。つまり同じ本を繰り返し読むようになった。

何度も読み返すことができる自分に合った本に出会うために、近所の書店に行って、本を探した。へたをすれば半日くらいその書店のなかにいて、店員さんに変な顔をされることもあった。

「一流の人はたくさんの情報を持っている」とよく言われるが、これはあまり正しい答えとは言えない。

「**一流の人は、自分に合った情報を絞り込んで使いこなす**」

というのが現実だ。

そんなにたくさんの情報ばかり詰め込んでも、迷うだけだと知っているのだ。

それによく考えたら、20代のうちに一度や二度読んだくらいで、その著者の伝えたいことの本質など理解できるはずがない。

自分の成長に合わせて繰り返し読むことで、ゆっくり著者の意図を理解できるようになっていくのだ。

たくさんの本を読んだからといって、成功するとは限らない。

逆に頭のなかがパンパンになり、道に迷うことのほうが多い。

それよりも大好きな本を繰り返し読み込んで、究めることができれば、それだけであなたはまわりの人に差をつけることになる。

大好きな本を繰り返し読もう。そして本を味方にしよう。

第4章

20代で身につけておきたい「人から可愛がられる力」

20代は、とにかく年上に可愛がられる人になれ

▼「自分たちの世代」にこだわりすぎない

私は著者という仕事柄、若い世代の人たちに会うことが多い。

タイプでいうと、これから上を目指してがんばっていく人たちの部類というところだろうか。若くても自分のコミュニティや組織を持ち、夢やエネルギーに満ちあふれている人もいる。

当然そうしたリーダーのまわりには、同じように元気な子も多いので、そういった

人たちからイベントにゲストとして呼ばれることも多くなった。

この種の集まりのなかで、きらりと光る若者に出会うことがある。

それは年長者の立場をしっかりと理解し、居場所をつくることができる人だ。

イベントやパーティというのは、意外なほどに人間性が出る。

進行やステージに出るキャストの選択や心遣い、そして居場所を自らつくれない人に対する対応でわかるのだ。

政治でも仕事の世界でもそうだが、とくに若い人というのは偏りがちになる。会全体、仕事の流れ全体というより、「自分たちだけで」というエゴが出てしまうのだ。

▼いつの時代も「年上たらし」がチャンスを手にする

「長幼の序」という言葉をご存じだろうか?

簡単に言えば、上を立てるということだ。立てるというのは、先輩の場所をしっかりとつくると言い換えることもできる。

こんなことを言うと時代遅れと思われるかもしれないが、やはりしっかりとした組織、そしてしっかりとした若者たちはこのポイントを外さない。

もちろん、この立ち居振る舞いにはバランスと心遣いが大切だ。あまりにも目上ばかりを立てすぎると、若い人のエネルギーがフラストレーションを起こすし、逆に若い人ばかりだと暴走して独りよがりになる恐れがある。

仕事においてもそうだが、伸びる人はとにかく相談がうまい。相談することによって、ある意味で上司の立場をしっかりつくっているのだ。

それが20代の早いうちであればあるほど、可愛がられる。


上司だって先輩だって人間だ。そして出世していくと、だんだんと出番がなくなっていくものだ。この気持ちを理解して、**言い方は悪いが、目上の人間をうまく利用していく人は必ず引き上げられるチャンスを手にする。**

当たり前だ。水は上から下に流れる。仕事でも何でもそうだが、組織のなかで、チャンスというのは先輩からやってくることがほとんどなのだから。

同世代だけではなく、目上の気持ちを理解する大きな視野を持とう。

できる20代は、こうして年上を動かす

▼聞き方を磨く

水は上から下に流れる。

ほとんどの場合、チャンスは上から降ってくる。

ということは、早いうちから年長者とのコミュニケーション能力を高めるということは、社会で生きていくうえで大きなアドバンテージになる。

あなたが年長者の話を聞くときに、身につけておくととても役に立つ習慣がある。

それは、

話を、うなずいて、メモを取りながら聞く

ということ。

学生と社会人は、必要とされる能力に大きなズレがある。

学生のころはテストの点数を取ることがひとつの価値になるが、社会に出ると、その価値は変わり、「人に好かれる力」があなたの人生に大きく関わってくる。

メモを取る癖は学校でも身につくかもしれないが、うなずきというものを強調する先生はあまりいない。

ということは競争相手が少ないから、やれば必ず目立つということになる。

勉強熱心な人はたしかにいる。

しかし、じつは年長者が力を貸したくなるのは〝勉強熱心なことが、わかりやすい人〟なのだ。

変に格好をつけるより、「自分は学びたいんです」という姿勢を素直に出す人のほうが発見されやすいし、当然、可愛がられる。

聞く姿勢が人の心を動かすのだ。

▼年長者が若者を見る3つのポイント

どんな20代が上から愛されるのか？

具体的なポイントを3つにまとめてみた。

ポイント1
「口にした約束は必ず守る」

若いころは、そのときの感情で言葉を発しやすい。

テンションが上がった瞬間は盛り上がって「社長、絶対に連絡をします」と口にしやすい。しかし、テンションが下がってしまったら、そう言ったことを忘れてしまいがちになる。だから結局、連絡をしない。

そうなると「若いから」で終わってしまう。

もしあなたが本当に連絡をしたとすると、相手にとってあなたはめずらしい存在になる。それだけで「あ、この子は言ったことをちゃんと守る子だな」という信頼が生まれる。

ポイント2

「会う前に、できる限りその人のことを知っておく」

これはつまり、相手に関心を寄せるということだ。

何歳になろうが、人は自分に関心を持ってもらうと嬉しい生き物だ。

たとえば、会いに行く前に相手の情報を調べて行く。

いまの時代、情報はすぐに手に入る。会社の社長なら、その会社が何をやっているかを調べてから行く。著者なら本を読んでから行く。

若ければ若いほど、その気遣いは相手の心を打つ。

一生懸命自分を調べて、質問を持ってくる人は少ない。

その人がやってきたことはその人自身の歴史とも言える。それを調べてきてくれたあなたの姿勢に対して大きな喜びを持つ。

どんな立場でも相手を喜ばせようとする気持ちがあれば、あなたは必ず成功する。

最後にもうひとつ大切なことがある。後輩が先輩に与えることができるたったひとつのものと言ってもいい。

ポイント3
「〝楽しみな将来〟を感じさせる」

注目した若者の未来を見ること。これは年長者の大きな楽しみだ。

そのためにできること。

それは、出会った後も結果や近況を報告するということだ。

先輩が後輩を大切にするのは必須のことだ。しかし、ここを忘れる人が多いのだが、後輩もお世話になった先輩を喜ばすのは同じくらい大切なのだ。

どちらかだけが与えっぱなしという関係は、絶対に続かない。

ということは、年下だろうが若かろうが必ず何かを返さなければいけない。これはルールなのだ。

しかし実際、若いころはお世話になった人に何かを具体的に返すのが難しい。

唯一その思いに応える方法は、先輩に「あの子がどう育つかを見ていたいな」と、未来の楽しみを持ってもらえるような自分になることだ。

それが年下の若者が先輩に与えられるものだ。そしてそのことが、次の世代の役割かもしれない。

コミュニケーションはもちろん「質」も大切だが、同時に「量」も大切だ。

人と人との密接度は、話をした回数に比例する。

いまはSNSをはじめとして、便利なツールもたくさん登場してきた。報告だけでも送るということが、ひとつの姿勢になっていく。

本当にお世話になった人には近況の報告は忘れずにすること、そして元気な姿を見せること。

それは、単なる出会いを終生のつながりに変えていく大切な作業なのだ。

よくも悪くも、20代のうちは、まわりにいる人の思考が感染しやすいと覚えておく

▼年齢を言い訳にしている大人に近づくな

思考は感染する。

純粋な20代のうちに、いい影響を受けることは大いにやるべきだが、同時に影響を受けてはいけない人たちもいる。

そう考えたとき、私が思うもっとも危ない影響は、「**あきらめた人たちの世界に居座ること**」

だ。こういう人の近くに身を置くことを、一流は絶対に自分に許さない。
まわりにいないだろうか。
「もう歳だし、がんばったって所詮人生なんて」
という大人が。
思ったことはないだろうか。
「あんたみたいにはなりたくない」
という経験が。
たしかに、年齢を理由にすれば、やらない言い訳にはなる。
しかし、この言葉を使うことによって、人はどんどんあきらめていく。
当然、まわりにいるとその思考が感染する。
無意識に聞く言葉というのは、それだけ潜在意識に対して威力を持っている。

▼グチまみれの世界は、百害あって一利なし

人間は環境の生き物だ。

どんな場所で、どんな言葉を使い、どんな人に囲まれるかによって、ただ年老いていくのか、ずっとキラキラした大人として生きていくのかが決まる。

グチやあきらめ、不平不満、人の悪口や批判。この危なさは、なかにいるときはわかりにくい。

自分がうまくいっていないときに輝いている人を見ると、どんな人間でも多少の嫉妬心は出てくるかもしれない。だから、ときには集まって誰かのことを批判して悦に入ることも、ある意味では大きな快楽となる。

しかし、世の中やまわりの人は、意外なほどに、その人の発する言葉がつくり出す空気というものをしっかりとジャッジしている。

批判ばかりしている人たちの空間は、どんよりしている。

何にせよ、自分の未来を大切に考えているのなら、危うき影響を与える大人にはできるかぎり近寄らないことをおすすめする。

次は、なるべく近づかないほうがいいタイプを、いくつかにまとめてお伝えすることにしよう。

20代で身につけるべき「人を見抜く力」

▼「なるべく近づかないほうがいい5つのタイプ」を知る

年のはじまりや、4月の新年度は出会いが増える。

こういうときは、しっかりと相手を見抜く力が必要になる。

なぜなら、あきらかに気をつけたほうがいい人は、どこにでも必ずいるからだ。

「こんなはずじゃなかった」とならないように、ここだけはしっかりとインプットしよう。「直感で相手を100パーセント見抜くことができる」という人はいいが、そうでない人のために、基本的に近づかないほうがいいタイプを簡単に見分ける5つのポイントを説明しよう。

（1）まわりにいる人が後ろ向き、もしくは損得重視な人ばかり

人は同じ波長を持った者同士で集まり、行動するという性質を持つ。

つまり、その相手と仲よくしている人、いつもそばにいる人がどんな人かを知ることで、相手の人となりが見えてくる。

在り方が後ろ向きだったり、損得ばかりのつながりだったとしたら、変に巻き込まれないように、付き合いの浅いうちからしっかりと距離を取っておこう。

（2）会うたびにまわりの人がコロコロ変わる

多くの場合、仲のいい人がコロコロ変わる人というのは、おそらく何かに問題があると捉えていい。

なかにはその人自体の進化が速すぎて、まわりの人がついていけないことが原因となり、まわりの人がすぐに変わってしまう人もたまにはいるかもしれない。しかし、それはごく一部だと考えておいていいだろう。

(3) 人によってわかりやすく態度を変える

目上の人、格上の人にだけいい顔をし、目下の人や部下、後輩の前では偉そうな態度をとるような人は、往々にしてどこでも人に対して態度を変えていると考えていい。たとえ、最初はあなたにいい態度で接していても、いずれあなたも同じ扱いをされることになる。

こういう人が自分の態度をあらためることは、あまり期待しないほうがいい。

(4) 自分の過去の話やグチっぽい話ばかりをする

お酒の席などで、自分の過去の栄光を話したがる人は多い。

「昔、私が甲子園に出たとき～」

「学生時代は3年間、生徒会長をやっていてね～」

など、もう何十年前の話を飲みの席で必ず話すという人のことだ。

過去の栄光を話すのは、いまの自分に自信がない人。つまり、いまの自分には満足していないことの裏返しなのだ。

たまに過去の思い出話をするくらいはいいと思う。しかし、毎回同じ話をするような人とは距離を置いたほうがいい。

あと、これにもうひとつ付け加えたい。

過去に付き合った人や、環境、職場のことをいつも悪く言う人は、いずれあなたのことも悪く言いはじめる。

どんなに嫌なことがあったとしても、それを延々と話すということは、消化しきれていないということだ。逆に、過去に感謝できている人というのは、信頼できると考えていいだろう。

（5）いきなりいい話を持ってくる

出会って間もないうちに、

「すごく簡単に儲かる仕事があるんだけど、興味ない？」

「私、芸能人の○○さんと知り合いなんだけど、今度一緒に食事でもどう？」

と、いきなりいい話を持ってくる人がいる。

いっけん、喰いついてしまいそうになるいい話かもしれないが、こういうときこそ冷静になってほしい。

そもそも、出会ってすぐ、お互いのことを知らないうちから、内密と思われるような情報を開示する人は、何かしら裏の目的があると考えよう。いきなりあなたのもとにやってくるおいしい話には必ず裏があるのだ。


いまはまだあなたは20代。

ここから生きていくなかで、さまざまな出会いがあると思う。

相手がどんな人だかいまいちわからないというときは、こういった視点で相手を見ることを意識しよう。

相手を見る癖をつけると、おのずとあなた自身の見る目も養われていく。

しっかりと人を見極め、自分をつねに安定させていよう。

あなたが幸せなら、そこには同じ価値観を持った人が集まり、さらに強いエネルギーが生まれる。そのためにも、あなたはしっかりと相手を見抜く力を身につけておくべきなのだ。

20代で、人の気持ちがわからないエリートになるな

▼肉体労働のバイトをしたことはあるか?

あなたは工事現場の作業員や警備員、もしくは居酒屋のバイトなどの肉体労働をやったことがあるだろうか?

ひょっとすると、きつい仕事はなるべく避け、きれいな場所で楽な仕事を選ぼうとしてきたのではないだろうか?

「そんな仕事は嫌だ」などと言ってはいないだろうか?

いまから20年以上前、私が学生のころは、男のアルバイトといえばまず居酒屋か建設現場だった。

基礎工事の仮枠を組んだり一輪車でセメントを運んだり、ツルハシで穴掘りするような土木の仕事が多かった。

行っただけで体中の筋肉が痛んだが、汗をかいた後で現場の職人さんたちと連れ立って飲む焼鳥屋のビールは最高だった。

ちょっと時代錯誤な言い方になるかもしれないが、いまというこの時代において、基本的なことや世間を知らない人が増えているように思う。

基本的なこととは、どんなことか?

それはいろいろな人生や、いろいろな仕事があるということだ。

どんな人でも、社会のなかで、自分なりの価値観や人生観に従って精一杯生きているということだ。

▼労働者の気持ちがわからない三流の仕事人になるな

たとえば一流企業で働く男は、下請けや孫請けの中小零細企業で働く男の価値観と無縁の世界にいる。

同じ会社であっても、ひと握りのエリートと、現場部門を支える工場労働者では大きな違いがある。

自動車メーカー、建設会社、食品、運輸、挙げればキリがない。

一流大学を出たエリートは最初からエリートの階段だけを駆け上る。

もちろんそのなかで人間関係なり、仕事の出来・不出来なり、それなりの苦労や挫折も味わうだろうが、パソコンひとつでクーラーの効いた部屋でする仕事と、工場で働く労働者の苦労とはまったく異質のものだ。

私はエリートを否定しているわけではない。

ステージが上がれば、世の中の大きな流れやしくみを見極め、それを変えていくことができる。仕事人の人生として、これはとても幸せなことだろう。

しかし、同時にここで弱者への視点も失ってはいけないと思う。

弱者という言葉が短絡的すぎるなら、ブルーカラーでもいい。

その人たちの気持ちすらおもんぱかることのできない、精神的に未熟でひ弱なエリートになってはいけない。

▼ときには立場を手放して、地べたに寝っ転がってみるくらいの柔軟性を持て

ある人がこう言っていた。

「きれいで楽なバイトしかしない学生たちは、それで得した気分になっているかもしれないが、そんなことじゃあ世の中にあるたくさんの仕事の痛みがわからないよな。痛みを知るということも、大人の階段を上るうえではとても大切なことだ」

その通りだと思う。

世の中は、ひと握りのエリートや経営者だけが動かしているのではない。

現実社会は、目に見えない数多くの人たちの無数の痛みによって支えられていることを忘れてはいけない。

そのためにも、たまにでいいから、地べたに座り込んでみることだ。

これは別に浮浪者になるというのではない。

いまのあなたがすでに駆け上っているはしごから降りて、直接、地べたに座り込んでみることだ。

たとえば、旅に出るなら観光地のホテルをやめてビジネスホテルに泊まってみる。

出会った人たちと酒を酌み交わし、気楽な盛り場に潜り込む。

そう考えると私は、大学時代、警備員や居酒屋の現場の皿洗いなど、いろいろなアルバイトを経験できて本当によかったと、しみじみ感じる。

どちらかというと、いまでもそういう職種が好きで、実際に居酒屋も経営している。

ホワイトカラーと言われる人たちから現場での労働者まで、いろいろな人たちと関わることができたおかげで、いま、こうして著作家という仕事ができていると言っても過言ではないと思う。

あなたは、20代で、すでに世界最強クラスのなかにいると気づけ

▼日本のサラリーマンは世界ナンバーワンだ

よく日本のサラリーマンを指して「夢がない」だの「志が低い」だの批判する声があるが、とんでもない話だと思う。

サラリーマンの聖地である新橋で、テレビのインタビューに答えて笑いを取っている酔っぱらいのおじさんだって、たいがいは昼間、しっかりと働いている。

もちろんそのなかには素敵な人もいれば、嫌な人もいることは間違いない。

しかし断言する。

総合的に言うと、日本のサラリーマンは世界最強だ。

東京の通勤風景ひとつを見ても、世界一複雑な電車網のうえを世界一過密なダイヤを組んで、世界一多い乗降者数を寸分たがわぬ時間で目的地に送り届ける。企業人の遅刻率の低さも、未だに世界一。

これは日本人の感覚では普通だが、世界の国から見れば、同じ人間の所業とは思えないくらいの神業である。

規律を重んじ、完璧を追い求め、きめこまやかに対応する。

世界最高峰の性能の商品を絶えずつくり出す労働力。

仕事に対する志の高い日本人にしか、こんな芸当はできない。これをすごいと言わずして、なんと表現するのか。私はそんな日本のサラリーマンを心底尊敬している。

▼20代のうちは、こんな言葉だけは使うな

ネットなどで、若くして起業をし、大金を手にした人たちのインタビュー記事なん

かを見ていると、汗水垂らして働くサラリーマンを平気で見下す発言をときどき目にすることがある。

「一度きりの人生、会社の奴隷で終わるなんてありえない」

「小さい家のローンを35年もかけて返すだけの人生なんてイヤだ」

そんな記事を見るたびに「ふざけんなよ、ばかやろう」と言いたくなる。

願わくば、あなたにはこんなわかったふうな言葉を使う20代だけにはなってほしくない。

世の中にはサラリーマンという選択肢だけではなく、自分の責任で事業を立ち上げ、自由に事業の舵を取るという人生もある。

そうしたい人はすればいいというだけの話だ。

▼私たちは、名もなき英雄たちの土台の上に生かされていると知る

日本経済の根底を支えているのは、あくまでもサラリーマンたちが生み出す世界トップレベルの労働力だ。そこを否定しながら、自分の自由ばかりを追いかけている若

造経営者などではない。

日本のサラリーマンたちはみな、一人では決して成し遂げられない大きな目標を達成するために、ときに自分の意思や欲望を滅し、全身全霊で組織の歯車となれる。

この経済発展は、その名もなき英雄たちがつくったものなのだ。

彼らがいなかったら、戦後の焼け野原からわずか二十年足らずで世界トップクラスの経済大国になることも、高度経済成長もなかっただろうし、トヨタやソニー、そして松下をはじめとする超名門企業も生まれていないだろう。

サラリーマンたちの苦労の結晶や恩恵を享受する身でありながら、彼らをバカにするとは、あまりに視野が狭すぎる。

日本人の大部分はサラリーマンだ。ひょっとするとあなたもサラリーマンの世界で生きていくかもしれない。そう考えたとき、将来の姿を自分でバカにしないほうがいい。

もう一度言う。

日本のサラリーマンは世界最強だ。

大切な人のため、人知れず土台に徹して働くことができる、そんなすばらしい先人たちに、もっと自信と誇りを持ってほしいと心から願う。

最終章

20代を無難に生きるな

20代は、逃げ出したくなるようなことがあって当たり前

▼振り返ると、失敗だらけだった20代

ここまで20代のあなたに向けて、いろいろと偉そうなことを自由に書いてきた。

しかし振り返ると、私の20代は失敗だらけだった。

唯一自分を褒めることができるとすれば、チャレンジの回数だけは人には引けを取らない、ということくらいしか思いつかない。

しかし、まあとにかく打率は低かった。

恥を忍んで、20代のときの私の話をさせてもらうことにする。

▼28歳、人生初の講演デビュー

前述したが、26歳のとき私はたこ焼きの行商をはじめ、28歳のときに「陽なた家」という150席のダイニングレストランを、地元の大分県中津市にオープンした。

おかげさまで売り上げは絶好調。小さな田舎ではあったが、私はちょっとした成功者としてチヤホヤされはじめていた。

そんなとき、私に初めてのステージをプレゼントしてくれた大恩人の社長がいた。

「**おまえの話をみんなに聞かせろ**」

と、その社長に言われ、講演のまねごとをはじめた。

田舎のおじいちゃんやおばあちゃん、おかあさんたちが見守ってくれるなかでの初講演。

テーマは「誰と出会うかで人生は大きく変わる」だったことは、いまでも鮮明に覚えている。

結果はまさかの大成功。

「中津にもこんな元気な若者がいる」と喜ばれ、そのご縁で、いろいろな近所の団体から講演のオファーをいただけるようになった。

その後、私はできる限り足を運んでお話しさせてもらっていた。

ありがたいことに口コミが広がり、ステージはどんどん大きくなっていく。

20代の若者としては、ありえない待遇を受けた。

正直、天狗になっていた。いや、天狗を通り越して、当時の私はバカになっていた。調子に乗りまくっていた。

▼かんちがい天狗、へこむ

しかし、世の中はそんな小僧をいつまでも天狗にしてくれるほどに甘くはない。

当然だが遠くに呼ばれれば呼ばれるほど、誰も「陽なた家」の存在を知らないし、永松茂久という小僧のことなんて、もっと知らない。

そんな場所で講演するときは、お客さんが最初から、

「このガキがいったい何をしゃべるんだ？」

くらいの斜に構えたスタイルで座っている。

そんな超アウェイの空気のなかでの講演がだんだん苦痛になり、私はいつしか講演の前の日は、どこかに逃げたい気分になっていた。

はじまる前からそんな状態だから、本番中も頭は真っ白になるし、自分が何をしゃべっているのかわからなくなる。体から脂汗が出てくる。

そんなある日の講演で、あまりにも聞いていられなくなったのか、人生初、聞いている人が途中でぞろぞろ出て行くという、私にとっての大事件が起きた。

残った人は、主催者とわずかな優しい人と居眠りをしている人。

なんとか最後まで話し、懇親会を断って中津にすっ飛んで帰った。というより、逃げ帰ったというほうが正しいかもしれない。

「もういやです。誰も僕の話を聞いてくれない。才能ないんです」

真夜中、私は恩人の社長にいまの気持ちを話した。

すると、社長は大笑い。そしてこう言った。

「よかったよかった。おまえ学んでるな」

「学ぶ？　こっちはへこんでるんだ。めちゃくちゃ悩んでるんだ。人ごとだと思ってのんきなことを……」

そんなことを考えていた私を救ってくれたのが、社長の言葉だった。

▼失敗のおかげで、大切なことを知ることができる

「茂久、人生山あり谷ありって言葉、聞いたことあるか？」

「はい、あります」

「おまえはいま、谷だよな」

「はい、どんぞこです」

「あのな、人生って波がある。みんなバイオリズムがあるんだよ。いいときが山で、悪いときが谷な」

「わかります」

「ここを『いい』『悪い』って考えるから行き詰まるんだよ。あのな、いいときは

『成功期』、悪いときは『成長期』なんだよ」

「成功期と成長期?」

「うん。そうそう。おまえは陽なた家が軌道に乗って、みんなからチヤホヤされてたろ。あれはある意味で成功期だよ。でも、あのままだったら小さな田舎の若造で終わってたんだよ。講演に行くと誰もおまえのことを知らないだろ」


いま思えば当たり前のことだが、テレビにも出ていないから、誰も田舎の駆け出し経営者である20代の私のことなんか知らない。

にもかかわらず、調子に乗っていたころは、

「なんでみんな俺のことを知らないんだ? 俺って意外と有名じゃないのか?」

みたいなバカなことを本気で考えていた。


「おまえはこんなこともないと学ばなかっただろ。いい勉強だ。

だからうまくいかないときは学ぶときなんだよ。

そして、うまくいったら成功期。こう考えたら人生っていい時期しかないんだよ」

あの言葉をもらってから17年。

おかげさまでいまは、たくさんの場所に講演に呼んでいただけるようになった。多いときには10000人の前で講演させてもらったり、講師グランプリの特別ゲストとして、お話しさせてもらえるようにもなった。

当時を振り返って、いま思う。

自分のことを誰も知らないなかで話をし、講演のたびにへこんでいたあのつらい時期があったからこそ、いま、わざわざ話を聞きたいと集まってくださる人のありがたみが身に染みてわかるようになったのだ、と。

チャレンジしている20代には「成長」と「成功」しかない

▼うまくいかないときを、どう捉えるか？

「成長」と「成功」について、もう一度しっかり説明しよう。
バイオリズムのグラフを想像してみてほしい。
山になったり、谷になったりする絵が思い浮かぶはず。
まずへこんだ谷の部分。これが調子の悪いとき。
たとえば、

「いい出会いがない」
「仕事がうまくいかない」
「恋人とケンカをした」
「人間関係のトラブルが絶えない」
「どうしてもいまの自分を好きになれない」
など。

そんなときは、どうあがこうと、うまくいかないことが多い。

しかし、その時期をどう捉えるのかで、その後の行動やメンタルが変わる。

大きく見ると、人はうまくいかないときだからこそ、学ぶことができる。うまくいかないときだからこそ、人は問題意識を持つようになり、そのおかげで本を読んだり、自分自身を磨いたり、これからのことを真剣に考えるようになる。

ということは、バイオリズムが下がったときは、自分が成長する絶好の機会だということになる。

私はこの時期を「成長期」と捉えることにしている。うまくいかないときだからこそ成長のチャンスなのだ。

「冬来たりなば、春遠からじ」

ということわざがあるが、まさにその通り。苦しいとき、谷だと思っているときにこそ人間は成長できるのだ。

たとえバイオリズムが上がらないと思ったとしても、学んでいるときは自分のなかに大きな力が蓄積されている。「あ、いまは成長期なんだな」と信じ、自身を磨き続けていけばいい。

この本の前半で書いた「プラス観」を、この話に連動させて考えてもらったらわかりやすいと思う。

▼うまくいかないときは学び、うまくいっているときは感謝する

「成長期」が終わると、今度は右肩上がりにバイオリズムが上がりはじめる。

成長期に一生懸命自分と向き合うと、ある日曲線が上向くのだ。

私はこの時期を、

「**成功期**」

と捉えることにしている。

苦しかった時期に身につけたことが実りはじめ、やることなすことがうまくかみ合っていく、そんなときのことだ。


しかし、うまくいっているときこそ、要注意だ。

人は誰も「忘れる力」を持っている。

過去にとらわれすぎると前向きに進めなくなってしまうから、苦しかったことを忘れるのは人間の性《さが》かもしれないが、成長期に支えてくれた人や教えを忘れてしまうと思わぬしっぺ返しをくらうことがある。

会社をはじめたばかりのころは謙虚で頭を下げていても、うまくいくと自分の大切にすべき人の存在を忘れ、派手な新しい世界ばかりに目が行ってしまいがちになる。

そして、ふと振り返ると自分の大切なものをなくしてしまっていた、という話はよく聞く。


であれば、成功期のときはどう考えればいいのか？

それは、うまくいっているときにこそ、自分を支えてくれた人たちに感謝をしていくのだ。そしてできる限り、人のために動くのだ。

そうすれば足をすくわれることは減り、成功期が長く続く。

▼考え方ひとつで、人生はいい方向にしかいかなくなる

人生には、こうした2つのバイオリズムがあることを、あらかじめ覚えておくと楽になる。

そうすれば、右肩下がりの「成長期」に備え、何をすべきかが見えてくる。

その備えをしっかりしておけばしておくほど、成功期は長く右肩上がりに伸び、次の成長期が短くなっていく。

バイオリズム的に見ると、人生のいい時期、悪い時期という捉え方になるけれど、こう考えると、人間には「成長期」と「成功期」、この2つしか存在しないということになる。

いま自分が「成長期」だと思われる人は、しっかり自分の力を蓄えていこう。

そして「成功期」に入っている人は、自分の身近なところ、身近な人、そして身近な仕事を大切にしていこう。

そう考えれば人生はいつも楽しいものになる。大切なのは、成長期にしっかりと学ぶこと、そして成功期に調子に乗りすぎないことだ。

この言葉をぜひ心に刻んでほしい。


「人生には成長と成功しかない」

20代の夢にいちばん大切なものは、うまいやり方より、語る言葉の温度である

▼つねにオリジナルのネタを持て

あなたが自分のやりたいことを叶えていくために、いちばん必要なもの。

それは独自性、つまりオリジナリティだ。

しかし、あなたの持っている夢が、あなた以外の人が誰もやっていない、奇想天外なことでなければいけないということではない。

あなたが自分の頭で何を考え、そしてそこに向かってどんな努力をしてきたのか？

そこが独自性になっていく。

描く未来を語る言葉に、あなたの人生や思いが詰まったとき、あなたという存在に独自性が出てくるのだ。

あなたの言葉を聞く人は、あなたががむしゃらに考え、そして自分でつくり上げた構想なのか、それとも誰かが言っていた流行りの夢を自分の夢としてプレゼンしているのかは、一発で見抜く。

そのなかでもとくに、自分の夢を実現させた成功者は、おもしろみがあり独自性のある夢を応援したくなる。

それは、力を貸すことで、叶えるのはその若者本人であったとしても、自分がその夢のストーリーに参加できることを知っているからだ。

たとえば、あなたが講演活動家を目指すとしよう。

「かっこいいし流行りで儲かりそうだから」という理由でそこを目指そうとすると、独自性はなくなる。

なぜか？

そんな人は、ほかにもたくさんいるからだ。

しかし、

「自分の経験を通して迷っている人の力になりたい。それを実現するために、僕はオリジナルの3分のネタを1000個つくって、それを音声にためています」

と言った瞬間、あなたは「独自性を持ったキラッと光る人」に変わる。

そこに向けての努力と情熱が独自性を生み、成功者の間で口コミが広がる。

成功者も人間だ。

「この若者はおもしろい！」と感じれば、あなたに力を貸したくなる。

▼まずは「願うこと」からすべてがはじまる

とある有名なエピソードがある。

昭和時代、日本を代表する経営者である松下幸之助さんが全盛期のころ、講演会に呼ばれ話をした。

講演後、質疑応答のコーナーがあり、とある経営者が質問をした。

「あなたの言うことはごもっともです。しかし、現実はそんなに甘くありません。どうすればあなたの言う理想にたどり着くことができますか？」

と聞かれたとき、松下さんはこう答えた。


「まずは『そうなりたい』と願うことですなあ」


禅問答のような答えに、会場が失笑した。

しかし、そのなかで一人だけ、その答えに電流が走った人がいた。

それが京セラの創業者である稲盛和夫さんだった。


**「2階に登りたいと心から願う人だけが、はしごの存在を思いつく。

月に行きたいと心から願う人だけが、ロケットの存在を生み出すことができる。

やっぱり大切なのは情熱ですなあ。

情熱さえあれば、方法は後から見つかりますから」**

松下さんは、いつもこう言っていたという。

「もっと高いところに登りたい」と思ったその人間だけが、上に登るためのはしごの存在を思いつく。

「空を飛びたい」と思ったその人間が、飛行機をつくる。

「この夢を絶対に叶えるんだ」あなたがそう思ったときに、その実現に必要な方法が見えてくる。

限界は自分の心がつくる。

ということは、あなたが「できるかできないかじゃない、やるんだ」と決めたとき、邪魔できる人は誰もいないのだ。

20代、いい目をして生きていけ

▼そんなに遠慮せずに、もっと大きく未来を描いていい

もうすぐ終わりになるが、この本でいちばん伝えたいこと。

それは、

「**20代、あなたはもっと自由に、もっと欲張ったほうがいい**」

ということ。

いくらでも自由に未来を描けるこの10年、自分の限界点を手前につくりすぎて、未

来を小さなものにしてほしくないのだ。

叶う叶わないは別として、自分のやりたいこと、つくりたい未来は大きければ大きいほど、結果的にあなたの人生を大きく広げていってくれることになる。

たとえば、あなたがスクワットをするとしよう。

仮にいまの時点での限界回数が50回だと設定する。

最初の目標が30回。すると、25回を過ぎたころからきつくなり、30回が終わったときには、「やりとげた。疲れた」となるはず。

しかし、これが「100回やりなさい」と言われた途端、できるかできないかは別として、不思議と手前の30回を平気で超えていく。

もうひとつ例を出そう。

普段あなたは10キロの範囲内で車で動いている。これが20キロ離れたところに行くと「今日はよく走ったなー」と普通は思うのだが、旅行で300キロ離れたところに行くことになったら、100キロなど軽く超えてしまう。

いつもより多く走っているにもかかわらず、その距離の感じ方が違うのだ。

こうなるには理由がある。

人の脳は、目指すものが遠くにあればあるほど、その手前にある限界のことを忘れてしまうのだ。

ということは、できる限り遠くにゴール設定をすることで、人の限界地点も広がっていくということが言える。

▼目標が、目に光を灯すスイッチである

仕事を通し、たくさんの若い人たちの応援をさせてもらった経験のなかから思うことだが、男女関係なく、伸びる人はいつも何かを狙っているハンターのような目を持っている。

そして、獲物が大きければ大きいほど、その目つきも輝きを増す。

何かを狙っている目は、あきらかに凡人とは違う輝き方をするのだ。

もし、いまあなたに目標がなく、もどかしい思いをしているのであれば、一度自分

にこう問うてみてはどうか。

「自分は過去、どんな人間になりたいと思っていただろう?」

憧れの人でもいい。映画の主人公でもいい。
思い出してみてほしい。
明確な目標はなくても、誰でも理想像くらいはそんなに苦労せずに見つかるはず。
まずはそれを心のなかの引き出しから出してみるのだ。
私たちの心のなかにはスイッチがある。「こうなりたい」という目標設定をすると、
そのスイッチが押され、目が輝きを増す。
伸びる若者の目は、つねに目標にロックオンされている。
だから輝く。

20代のうちに一度は知覧に行け

▼日本の最南端に、人生を変える場所がある

私は「きずな」という言葉が大好きだ。

つながりの温かさも想像できるし、響きも好きだ。

まあ、それはそれとして、この「きずな」という言葉は、横軸で使われることが多いような気がする。

とくに年の近い人、友だち、コミュニティなど、目に見えてそばにいる人たちとの

関係性のなかでこの言葉が使われる。

しかし、多くの人が意外と気がついていないが、きずなという言葉には縦軸がある。

それは先輩、先人、そして子どもや孫、そしてその次に生まれてくる、自分が会うことのない人たちとの関係軸だ。

前述のバッターボックスの話と同様に、『30代を無駄に生きるな』に書いたが、どうしてももっと若い20代のあなたにこの存在を知ってほしいので、この本でもあらためて書くことにする。

鹿児島の南のほうに「知覧」という場所がある。

この地は、いまから約70年前、太平洋戦争末期に特攻隊が数多く飛んでいった場所だ。

いまではその地に特攻平和会館が建ち、年間70万人を超える人たちが訪れる平和を願うシンボルの地となっている。

私もこの場所で、かつての特攻隊が残したかった平和な未来、そして日本人の在り方を伝える活動をさせてもらっているのだが、初めて知覧に行って大きく人生が変わったのは27歳、いまのあなたと同じ20代のときだった。

▼「生きる」ということを教えてくれたきっかけになった場所

いまから18年前、27歳のときに知覧を訪れた。

『人生に迷ったら知覧に行け』（きずな出版）という本のなかでも書いたが、鹿児島に行商に行った際に立ち寄った「知覧特攻平和会館」と「ホタル館富屋食堂」が、私の人生観を変えることになったのだ。

知覧といえば、いわずと知れた特攻隊の聖地だ。

特攻隊とは、第二次世界大戦の末期に日本軍が編成した攻撃部隊のことで、17歳から25歳という若者たちが、日本を守ろうと、爆弾を積んだ航空機もろとも敵艦に体当たりした部隊のことである。

そして「知覧特攻平和会館」と「ホタル館」には、彼らが書いた多くの遺書が展示されている。

その多くの遺書は、出撃直前に書かれたもの。しかし、国のために命を捧げることに対し、怒りを表す人はおらず、愛や思いやりにあふれた内容ばかりで、読んだ人の心を打つ。

初めて彼らの遺書を読んだとき、**「私が彼らの立場だったら、残された人の心配をする余裕があるだろうか?」**という気持ちになった。それと同時に、私よりも若い彼らから、男としての覚悟の差をまざまざと見せられた気がした。

そして、なにより「生きる」ということを考えさせられた貴重な日となった。

その後、知覧で多くの縁に恵まれた私は、2012年から「ホタル館」の特任館長という大役を務めることになった。

毎年春には多くの仲間たちと「知覧フォーユー研修さくらまつり」を開催し、そのたびに自分の過去を振り返り、命の大切さを再確認している。

▼人生に迷ったら知覧に行け

いま20代のあなたからしたら、人生はまだまだこれからであることは、もちろん変えようのない事実であるし、そうであってほしいと願う。

しかし、かたや10代や20代前半、つまり、いまのあなたと同年代くらいの人たちが、未来の日本のために死んでいったことを思うと、胸が苦しくなる。


「そんな70年以上も前のことなんてピンとこない」

あなたはそう思うかもしれない。実際に私自身も最初はそうだった。

人生の基礎体力をつける20代に、自分の死について考えている余裕はないと思っていた。

しかし、いままで3000人を超える若者たちを知覧に引率した経験から言えることだが、そこに行けば、あなたのなかの何かが必ず変わることを保証する。

自分の人生が終わるとき何を残すか、何が残せるかを考える時間を、年に一度、ほんの少しの時間でもいいからつくってほしいのだ。

それだけで、生きる姿勢が変わってくる。


私自身、行くたびにあることに気づく。

それは、自分はいつか死ぬんだということ。

つまり「人生は有限である」ということだ。

人は、生まれた瞬間から死というものに向かってのカウントダウンのなかで生きている。残念ながら、どんなにすごい人でも、このしくみからは逃れられない。

私は死んだことがないから、死というものははっきりとはまだわからないが、知覧に行くたびに「自分の命をどう使うのか?」を考える。

そしてまた忘れての繰り返しだが、行くたびに、その思いの継続性は長くなってきているような気がする。

▼縦のきずなを知ることで、あなたの20代は大きく変わる

過去に生きた人に学び、尊ぶ。

先人を大切にするということは、自分を一本の木にたとえたとき、根っこに水をやるのと同じことだ。そしてこういう人は、同世代だけではなく、とくに先輩、後輩を大切にする。

一流は、幸せにできる人たちの年齢の幅が、その他大勢の人よりも圧倒的に広い。

歴史にはいいときも悪いときもあるからそれは仕方ないかもしれないが、日本は戦争からの70年あまり、過去を否定しすぎたように感じるのは私だけだろうか？

戦争を美化するつもりなどまったくないが、日本は戦後、それまでの価値観や日本人が大切にしてきた美徳までを否定した。

孫が自分のじいちゃん、ばあちゃんを否定してどうする？

伸びる人は、単に情報や空気だけに簡単に流されたりしない。

横軸だけでなく、縦軸のきずなをしっかりと大切にする。

自分たちよがりに陥らずに、先人から学び、現在にそのエキスを活かしていく。だから幅広く応援されて押し上げられていくのだ。

20代のうちに「在り方」という芯をつくれ

▼「自分」という世界観

冒頭でも言ったが、伸びる人は、共通して自分の「芯」をしっかりと持っている。
芯とは、言い換えると自分なりのルールであり、心の在り方だ。
そのルールは人によってさまざまだろうが、数多くはない。
そして、このルールは人に押しつけたりしない。
あくまで自分のなかで守るものだから、こうした芯がある人は、むしろまわりの人に対しては鷹揚《おうよう》でいることができる。

まわりは関係なく、自分で守れていればいいのだ。

ある意味、これは準備とも言える。

「こうなったら自分はこう動く」と決めているから、決断も早い。

この経験を積み重ねていくたびに、「あいつらしいな」と人から言われる独自のスタイルをつくっていく。

だから、伸びていく人の行動はスマートだ。それは立ち居振る舞いのスマートさもあるかもしれないが、とにかく選択がスマートなのだ。

そして、このスタイルは順風満帆なときはわかりにくいが、土壇場になって現れる。

▼普段はのんきでもいい、土壇場に強くなれ

自分の芯をしっかり持っている人は、有事に際して行動を変えることはない。

逆に、いくら普段しっかりしているように見えても、芯がない人はここでうろたえる。自分との約束ごとがないから、何かトラブルが起きたとき、動揺してブレてしま

うのだ。

もちろん、いくら芯をしっかりと持っていたとしても負けることだってある。失敗することだってある。

しかしそのときに、自分のなかに芯を持っている人と、流されてしまう人とは、取る行動が違う。

「負けたときは言い訳せずに、自分の糧にする」と決めている人は、ごちゃごちゃ言い訳せずに、さっさと負けを認めて歩きはじめる。

「あんな場合は負けても仕方ない」

「あとちょっと勝負できたら逆転できたのに」

などと、うまく取り繕って、その負けを隠そうとしない。

負けから逃げてしまうことで、自分のなかの大事な何かをなくしていくことを、何よりも恐れる。

「大事な何か」、それは自分のなかでの誇りだ。

伸びる人は、「自分のありたい姿」をあきらめない。

だから、自分の誇りに傷をつけずに生きていく。

そして、やがてその誇りや約束ごとをさらに強い芯にしていくのだ。

その一貫したスタイルが不思議なオーラを生み出す。

だからまわりを惹きつける。

▼20代、これだけは守りたいと思えるものは何ですか？

人生で一度しかない20代。

人生の足腰をつくる10年をともに考えながら、あなたと一緒に過ごしてきたが、とうとう最後の項目になった。

20代を過ごしてきたひとりの人間として、ストレートに言う。


あきらめるな。流される生き方を選ぶな。

人生で一度しかない20代を無難に生きるな。

「こうなったら自分はこう動く」

「これはやらない」

「これは必ず守る」

20代のうちに、しっかりとした自分の芯をつくれ。


20代だから早すぎるとか、そんなことは決してない。

むしろ、20代のうちにこそ仕上げておいたほうがいい。

自分のスタンスや心がけ次第で、あなた本人はもちろんだが、日ごろ接するまわりの人たちのあなたに対する態度も変わってくる。

つまり、自分のなかにしっかりとしたスタンスを持つ人間は、他人とのスタンスの取り方も上手になる。

まわりから見ても、「あの人らしいな」とわかりやすい存在になる。

このあなたらしい世界観が、あなたという存在をブランドにする。

20代のうちにそれができれば、あなたの未来は、いまの想像を超えるものになることを約束する。


残された20代という時間、あなたはどう生きる?

あとがき――

「光陰矢《こういんや》の如《ごと》し」という言葉があるが、時間が経つのは本当に早い。

振り返ると、悩んでいた20代が昨日のことのように思える。今回、予期せず20代向けにこの本を書くことになったことで、久しぶりに20代を振り返り、そう思った。

「予期せず」と書いたことには理由がある。

ありがたいことにシリーズ前著である『30代を無駄に生きるな』は何度も重版を重ね、多くの人に読んでいただける本になった。読者のなかには、ここから30代を迎えるという20代の人も少なくなかった。

その本のラストに「20代向けの本は書かない。なぜなら、それはあなたたち30代の仕事だから」と言い切ってしまったのだ。

しかし、読者の方々から「20代をどう生きるかについて書いてほしい」と多く要望をいただいたことが、本書が誕生するきっかけとなった。

そのため、この『20代を無難に生きるな』は、もっと具体的に行動ルールを求められる30代に向けて書いた前著と併読していただけると、さらに理解を深めていただけると思う。

そしてもうひとつ、今回の企画で時間の早さを感じたできごとがある。

いまから10年前、35歳のときに本格的に著者業をはじめたとき、私はひとつ決めたことがある。それは「15年後に2人の息子たちが読めるような本にする」ということ。つまり息子2人は私の本のなかで、絶対に外せない読者なのだ。

著者として書き初めのとき、まだ8歳だった長男が気づけば18歳になり、この春、上京。15年後どころか、あと1~2年すればこの本の読者の対象に入ってしまう年齢になったということになる。

長男はとくに身近にいるので、著者として言っていることと行動することにズレがないように、私自身も気を引き締めていかなければならないと思う。

この本の執筆中、2020年の3月から4月という期間、生涯忘れることができないことが起きた。世界中の人々を不安の波に巻き込んだ「コロナショック」だ。

日本も例外なく、誰もが予期せぬこの事態にいまも先行きが見えずにいる。平時のときは、ゆとりを持って生きている人でも、土壇場になると、その真価が問われる。「この状況のなかで、あなたはどう生きる？」とすべての世代の人たちが、己の在り方を問われることになった。平時のとき、そんなことを一切考えてもいなかった人たちまで、強制的にその状況に追い込まれたのだ。

そういう意味でも、いま、まだ頭のやわらかい20代のうちに、自分自身の「芯」をつくってほしい。

悲観的に見るわけではないが、ここから世の中は大きく変わる。それまで当たり前とされてきたことが、じつはとてもありがたいものだったと気づくことになる。

そういう意味で見ると、あなたはここからいろいろな30代、40代の人たちの在り方を目の当たりにすることになるだろう。その際、もし自分の未来に迷うことがあったときに、この本があなたの道標なれば、著者としてこんなに嬉しいことはない。

今回もたくさんの方々のおかげでこの本が生まれた。

コロナショックのなか、テレワークで原稿の読み合わせを手伝ってくれた永松茂久プロジェクトメンバーである、トガワシンジさん、池田美智子さん、平井美奈さん、内野瑠三さん、角伊織さん、そして編集を手伝ってくれた加藤道子さんへ。みんながいなかったら、この状況のなかで仕上げることはできなかった。ありがとう。

いつも共に歩いて応援してくれる永松義塾の塾生のみんな、本当にありがとう。残念ながら今年は集まることができなかった、全国にいる「知覧さくらまつり」のメンバーたち。来年は必ず知覧の桜の木の下で、笑顔で集まろう。

いつもながら大きなチャンスをくださる、きずな出版の櫻井秀勲社長、岡村季子専務、毎回お付き合いしてくださる小寺裕樹編集長をはじめとする社員の皆さま方、本当にありがとうございます。


最後にこの本を通して出会ってくださったあなたに、心から感謝します。

あなたの20代という大切な10年間が、さらに輝いたものになりますように。

２０２０年5月
1日でも早いコロナの収束を願う東京麻布の翔ルームにて
永松茂久

永松茂久（ながまつ・しげひさ）

株式会社人財育成JAPAN代表取締役。

大分県中津市生まれ。2001年、わずか3坪のたこ焼きの行商から商売を始め、2003年に開店した「ダイニング陽《ひ》なた家《や》」は、口コミだけで県外から毎年1万人を集める大繁盛店になる。自身の経験をもとに体系化した「一流の人材を集めるのではなく、今いる人間を一流にする」というコンセプトのユニークな人材育成法には定評があり、全国で多くの講演、セミナーを実施。「人の在り方」を伝えるニューリーダーとして、多くの若者から圧倒的な支持を得ており、講演の累計動員数は60万人にのぼる。2016年より、拠点を東京都港区麻布に移し、現在は経営、講演だけでなく、執筆、人材育成、出版コンサルティング、イベント主催、映像編集、ブランディングプロデュースなど数々の事業を展開する実業家である。

著作業では2021年、『人は話し方が9割』（すばる舎）がすべての書籍を含む日本年間ランキングで総合1位（日販調べ）、2022年にはビジネス書籍部門で史上初の3年連続1位（日販調べ）に輝き、120万部を突破。

著書に『人生を言いなりで生きるな』『40代をあきらめて生きるな』『30代を無駄に生きるな』『20代を無難に生きるな』『人生に迷ったら知覧に行け』『影響力』『心の壁の壊し方』『男の条件』（きずな出版）、『人は話し方が9割』『リーダーは話し方が9割』『喜ばれる人になりなさい』（すばる舎）、『君は誰と生きるか』（フォレスト出版）など多数あり、書籍累計発行部数は345万部を突破している。

永松茂久公式ウェブサイト
https://nagamatsushigehisa.com

20代を無難に生きるな

2020年6月30日　第1刷発行
2024年11月14日　第29刷発行

著　者　　永松茂久

発行者　　櫻井秀勲
発行所　　きずな出版
東京都新宿区白銀町1-13　〒162-0816
電話03-3260-0391　振替00160-2-633551
https://www.kizuna-pub.jp/

編集協力　加藤道子
ブックデザイン　池上幸一
印刷・製本　モリモト印刷

©2020 Shigehisa Nagamatsu, Printed in Japan
ISBN978-4-86663-113-4

きずな出版

好評既刊

30代を無駄に生きるな

永松茂久

起業、独立、転職、結婚、出産、家の購入……大きな決断を迫られる機会の多い歳であり、同時に人生経験も重ね、気力面も体力面ももっとも精力的に活動できる年齢でもある30代。
この10年をどう生きるかで、人生は9割決まる！　悩めるこの時期の助けとして、そして人生を大きく変えるきっかけとして、30代をよりよく過ごすための指針になる1冊！

本体価格 1500円　※表示価格は税別です

書籍の感想、著者へのメッセージは以下のアドレスにお寄せください
E-mail：39@kizuna-pub.jp

きずな出版
https://www.kizuna-pub.jp